Para

Com votos de paz.

/ /

DIVALDO FRANCO
Pelo Espírito AMÉLIA RODRIGUES

VIVENDO COM
JESUS

Salvador
2. ed. – 2025

COPYRIGHT © (2012)
CENTRO ESPÍRITA CAMINHO DA REDENÇÃO
Rua Jayme Vieira Lima, 104
Pau da Lima, Salvador, BA.
CEP 412350-000
SITE: https://mansaodocaminho.com.br
EDIÇÃO: 2. ed. (6ª reimpressão) – 2025
TIRAGEM: 1.000 exemplares (milheiro: 20.200)
COORDENAÇÃO EDITORIAL
Lívia Maria Costa Sousa

REVISÃO
Christiane Lourenço • Luciano Urpia
CAPA
Ricardo Brito
MONTAGEM DE CAPA
Eduardo Lopez
EDITORAÇÃO ELETRÔNICA
Eduardo Lopez
COEDIÇÃO E PUBLICAÇÃO
Instituto Beneficente Boa Nova

PRODUÇÃO GRÁFICA
LIVRARIA ESPÍRITA ALVORADA EDITORA – LEAL
E-mail: editora.leal@cecr.com.br
DISTRIBUIÇÃO
INSTITUTO BENEFICENTE BOA NOVA
Av. Porto Ferreira, 1031, Parque Iracema. CEP 15809-020
Catanduva-SP.
Contatos: (17) 3531-4444 | (17) 99777-7413 (WhatsApp)
E-mail: boanova@boanova.net
Vendas on-line: https://www.livrarialeal.com.br

Dados Internacionais de Catalogação na Publicação (CIP)
(Catalogação na fonte)
BIBLIOTECA JOANNA DE ÂNGELIS

F825   FRANCO, Divaldo Pereira. (1927)

Vivendo com Jesus. 2. ed. / Pelo Espírito Amélia Rodrigues [psicografado por] Divaldo Pereira Franco. Salvador: LEAL, 2025.
200 p.
ISBN: 978-85-61879-77-8

1. Espiritismo 2. Jesus 3. Evangelho
I. Franco, Divaldo II. Título

CDD: 133.93

Bibliotecária responsável: Maria Suely de Castro Martins – CRB-5/509

DIREITOS RESERVADOS: todos os direitos de reprodução, cópia, comunicação ao público e exploração econômica desta obra estão reservados, única e exclusivamente, para o Centro Espírita Caminho da Redenção. Proibida a sua reprodução parcial ou total, por qualquer meio, sem expressa autorização, nos termos da Lei 9.610/98.
Impresso no Brasil | Presita en Brazilo

DIVALDO FRANCO

pelo Espírito AMÉLIA RODRIGUES

Vivendo com Jesus

LEAL
Editora

Sumário

Vivendo com Jesus — 09

Capítulo 01 - Luz mirífica em noite escura — 15

Capítulo 02 - Tormentosa expectativa — 21

Capítulo 03 - A treva e a luz — 27

Capítulo 04 - Sublime encantamento — 33

Capítulo 05 - A Magna Carta universal — 41

Capítulo 06 - Reino feliz — 47

Capítulo 07 - Afonia espiritual — 53

Capítulo 08 - Cegos para a Verdade — 59

Capítulo 09 - Mãos mirradas — 65

Capítulo 10 - O Grande Restaurador — 71

Capítulo 11 - Elegia de amor e vida — 77

Capítulo 12 - Dois a dois — 85

Capítulo 13 - Despertar tardio — 91

Capítulo 14 - A corte de Jesus	97
Capítulo 15 - Corpo e sangue	103
Capítulo 16 - Sementes de vida eterna	109
Capítulo 17 - As dubiedades de Pedro	115
Capítulo 18 - A psicoterapia de Jesus	121
Capítulo 19 - A ardência das batalhas	127
Capítulo 20 - Fidelidade e paz	133
Capítulo 21 - Reflexões angustiantes	139
Capítulo 22 - Nascido para o Reino de Deus	147
Capítulo 23 - Eram de Betsaida	153
Capítulo 24 - Compaixão com dinamismo	159
Capítulo 25 - A sublime revolução	165
Capítulo 26 - Caminhos estreitos e ásperos	171
Capítulo 27 - Tempestades do coração	177
Capítulo 28 - Embaixadores do Reino	183
Capítulo 29 - Glorificação pela prece	189
Capítulo 30 - Sementeira de testemunhos	195

Vivendo com Jesus

Modesta e significativa, a aldeia de Belém de Judá deveria receber Aquele que é a Luz do mundo e que viria à Terra para que todos tivessem vida e a possuíssem em abundância.

Ele chegou discreto como a brisa agradável e perfumada de um entardecer abrasador, produzindo bem-estar e alegria de viver.

O mundo de então se encontrava incendiado pelo fogo devorador das paixões asselvajadas, que dominavam as criaturas humanas.

Soberba e desvairada, a sociedade e as nações exaltavam o poder transitório e submetiam-se à glória fúnebre das armas, não havendo lugar para o amor nem para a fraternidade.

O monstro da guerra devorava as vidas que se lhe entregavam inermes, e o jogo da força trucidava quaisquer possibilidades de esperança e de paz.

A ilusão dos valores terrestres permanecia sombreando a claridade da justiça e a oportunidade da vivência da dignidade sem jaça.

Todas as profecias que anunciavam a *Era da Verdade* foram confundidas por Israel com o desejo doentio de dominar os outros povos, quando chegasse o seu Messias, que desejavam seria sanguinário e vingativo.

Depois de séculos de servidão no Egito e na Babilônia, e de sofrer o tacão perverso de outros povos que o invadiram e o esmagaram, Israel aguardava um rei poderoso que lhe devolvesse as glórias terrestres usurpadas e lhe concedesse o cetro da governança universal...

A presunção dominava as classes privilegiadas que serviam a César e aos seus esbirros, para conseguir-lhes migalhas, embora os detestassem com todas as veras do coração.

Os miseráveis avolumavam-se, e os sem-terra, sem-teto, sem-trabalho entregavam-se à hediondez da rapina, da ociosidade, nos antros em que se homiziavam.

As classes em que a sociedade dividia-se caracterizavam a dureza dos corações e o seu comportamento cruel.

Fariseus e saduceus odiavam-se publicamente em renhida luta pelo poder vergonhoso, assim como os herodianos e publicanos, enquanto os homens da terra, os pobres camponeses, entulhavam as cidades e burgos com a miséria sem disfarce, em que chafurdavam no desprezo e no abandono a que se encontravam relegados.

A paisagem humana era assinalada pela ignorância e pela sordidez resultante da situação de miséria econômica e moral.

Aparentemente, naqueles dias, uma calmaria pareceu tomar corpo durante o período inicial em que Ele veio comungar com os Seus – aqueles que não tinham a ninguém, nem quase o direito de viver...

Dessa forma, a Sua seria a vida mais extraordinária e única, dantes nem depois jamais acontecida.

Ele iniciou o Seu ministério da libertação de consciências numa festa de casamento, abençoando a união das almas e preservando a alegria nos corações, e o concluiu num holocausto invulgar noutra festa, a da Passagem, rica de evocações felizes pelo povo em algaravia.

Por isso, a Sua é a Doutrina das Boas-novas de alegria, entoando o canto de beleza para anular as sombras e tragédias dominantes em toda parte e nos tempos do futuro.

A Sua mensagem, impregnada de ternura, objetivava todos os seres humanos; especialmente, porém, aqueles que eram espoliados, que haviam sido excluídos do convívio social edificante, que perderam tudo, menos o direito de ser amados...

E Ele os amou como ninguém jamais o fizera igual.

Elegeu-os como Seus irmãos, com eles conviveu e os alimentou, ensinando-lhes elevação e dignidade, convidando-os à renovação íntima e à luta pela sublimação.

Também por eles foi respeitado e ouvido, deixando-lhes as marcas inconfundíveis das Suas lições que transformaram algumas das suas vidas estioladas...

A uma mulher da Samaria, equivocada e pretensiosa, Ele desvelou-se, sabendo-a inimiga, e dela fez a mensageira da fraternidade numa tentativa de restaurar a união despedaçada antes entre os clãs primitivos...

À outra, que era profundamente perturbada, vivendo em conúbio com Espíritos obsessores, Ele ofereceu as mãos gentis e transformou-a no exemplo edificante de propagadora das Suas palavras, tornando-a a primeira pessoa a vê-lO redivivo, além da morte...

A uma dama rica e representativa da aristocracia do Império Romano Ele facultou o discernimento para prosseguir ao lado da família, ultrajada pela conduta do esposo irresponsável, tocando-a de tal maneira que ela não trepidou em dar-Lhe a existência durante o terrível período de perseguições desencadeadas por Nero...

Nicodemos, que se sentava, poderoso, no Sinédrio, foi por Ele atendido e teve a honra de receber claras e profundas informações sobre os múltiplos renascimentos do Espírito no corpo carnal...

Jamais Ele se absteve de ajudar a quem necessitasse, doando-se integralmente.

De tal forma o fazia com os miseráveis, que era censurado por comer e beber com a ralé do lugar onde se encontrava.

As Suas parábolas, ricas de lições insuperáveis, deixaram as mais belas informações a respeito da ética do comportamento humano, tornando-se, na atualidade, processos psicoterapêuticos para a libertação das vidas algemadas aos conflitos infelizes trazidos do passado espiritual...

O bom samaritano é proposta íntima de compaixão e de misericórdia oferecida ao inimigo.

O filho pródigo é ensinamento superior sobre o arrependimento e a reabilitação de que todos necessitam.

As virgens loucas e as prudentes são páginas de rigorosa advertência sobre a parcimônia e o equilíbrio.

A figueira que secou permanece na condição de convite vibrante à produtividade e ao bem...

Comungou com a família de Zaqueu, o publicano detestado, que nunca mais O esqueceu.

Demonstrou a Simão, o Leproso, o que realmente é a dignidade e o que são as aparências enganosas.

Utilizou-se de Lázaro e de suas duas irmãs para ensinar o significado do trabalho e a eleição do mais importante na vida.

Sempre esteve a ensinar e a viver o ensinamento, por isso aceitou como título somente o de Mestre, porque realmente o era.

Jesus!

Ele permanece como o mais extraordinário ser que o mundo jamais conheceu, na condição de Incomparável Modelo para a Humanidade.

Possivelmente O encontraste nas jornadas passadas e não Lhe foste fiel, optando pelo mundo em vez de segui-lO.

Assumiste compromisso de mantê-lo vivo nos corações e O confundiste no ádito das almas e dos sentimentos...

Ei-lO que agora retorna e o reencontras realmente desvestido do luxo e da ostentação religiosa do passado, com que O apresentaram ao mundo, desfigurando-Lhe a grandeza.

Simples e nobre, Ele caminha anônimo entre as massas desvairadas, auxilia em silêncio e na ternura, abrindo portas para a conquista da plenitude.

Vigilante, aguarda que Lhe seja facultada a oportunidade de apresentar-se.

Se, porém, ainda não O encontraste, para e reflexiona, direcionando os passos na Sua direção.

Compassivo e afável, Ele está perto de ti... Busca viver com Ele.

Não postergues o momento, a fim de que não venhas a fazê-lo tardiamente...

❀

As páginas que se irão ler têm o objetivo de trazer de volta à consciência hodierna alguns encontros e vivências com Jesus, durante os dias em que Ele jornadeou na Terra, como Estrela de primeira grandeza com o brilho diminuído...

E, se já O encontraste, mas não te deixaste arrastar pela sua força de amor, recompõe-te e entrega-te enquanto o tempo urge.

Algumas das mensagens que estão neste livro foram oportunamente publicadas, e novamente comparecem nesta obra que apresentamos aos nossos caros leitores.

Formulamos votos de paz e de alegria a todos quanto O encontrem e O sigam, vivendo com Ele em qualquer situação.

Paramirim, 11 de agosto de 2012.

Amélia Rodrigues

Capítulo 1

Luz mirífica em noite escura

Júlio César havia expandido o Império Romano praticamente por todo o mundo conhecido após a conquista do Egito.

Assassinado covardemente a punhal por Brutus, que passava por seu filho, e os seus asseclas nas escadarias do Senado, em Roma, sucederam-se dois triunviratos, que culminaram com a derrota de Antônio em Áccio e o seu posterior suicídio, com Lépido, tornado grande pontífice, e Otaviano, que passou a governar o Império como primeiro cidadão, inspirado nas lições que levaram César ao fracasso.

Caio Júlio César Otaviano nasceu em Roma, em 63 a.C. Era filho de um agiota de Villetri e, quando contava 19 anos, morreu César, seu tio-avô e pai adotivo.

Embora a sua aparência de fragilidade, era portador de temperamento forte e valoroso, de grande ambição política, havendo participado do segundo triunvirato, em companhia de Antônio e Lépido, que vencera os adversários em sucessivas batalhas que se encerraram em Filipos.

Alcançou o poder máximo, embora a sua conduta moral nem sempre fosse digna, caracterizando-se pelos sucessivos casamentos e adultérios, não obstante se empenhasse por manter a dignidade em todo o Império, de maneira serena, inclusive em relação à família, na intimidade palaciana.

Conseguiu a pacificação em todo o território que governava, na Espanha, nos Alpes, e anexou a Galícia e a Judeia. Propondo as bases do governo imperial, criou organizações administrativas, reergueu as finanças e propiciou um período de paz como anteriormente raras vezes acontecera.

Recebendo a cooperação de Mecenas, foi protetor das artes e da cultura, havendo estimulado escritores e poetas como Virgílio, Horácio, Tito Lívio, Ovídio e, mais tarde, porque não tivesse filhos, adotou Tibério, filho de Lívia, sua segunda mulher, que posteriormente se tornaria também imperador de Roma.

Realmente, a paz romana reinou na Terra, porque nesse período não renasceram os generais belicosos, mas antes os artistas e os pensadores que adornaram a capital e engrandeceram o mundo romano com os seus valiosos tesouros de beleza e de sabedoria.

Quando morreu, em Nola, no ano 14 d.C., foi divinizado pelo Senado, que lhe concedeu o título de Augusto, associando o seu culto ao de Roma, celebrado em toda parte.

Um pouco antes, em uma província do majestoso Império Romano, nasceu em Ascalon, no ano 70 a.C., Herodes I, que se tornou rei dos judeus e que passou à posteridade como *o Grande*. Anterior governador da Galileia, foi alçado ao poder pelos romanos, que o ajudaram a conquistar a capital de Israel, vencendo os asmoneus, aos quais sucedeu no trono.

Originário da Idumeia, não sendo judeu, foi sempre detestado por estes, que o vigiavam com ódio e ressentimento.

Para autentificar o seu domínio, casou-se com Mariane, de origem asmoneia, com quem teve filhos.

Astuto e perverso até o ponto de ser tido como desumano, após consolidar a posição e reinar arbitrariamente, mandou matar a mulher, sob suspeitas infundadas de infidelidade, logo depois, mandando fazer o mesmo com Hircano II e os descendentes dos asmoneus, com medo de que eles retomassem o trono.

Dominado pela mesma ideia obsidente, mandou trucidar os próprios filhos que tivera com Mariane, a fim de que eles, na idade adulta, não desejassem vingar a morte da genitora ou reivindicar a posse do trono que fora usurpado.

Tentando agradar aos judeus, reconstruiu o templo de Salomão, embelezando-o com cedros do Líbano e uma parreira de ouro que mandou embutir no mármore de uma das paredes de entrada do santuário colossal, naquele tempo o mais suntuoso do mundo e orgulho da raça israelita.

Restaurou a Samaria e outras cidades, construiu o Herodium, o monumental palácio incrustado numa montanha, onde esperava homiziar-se, pondo-se a salvo, em momento de perigo, sobrevivendo a qualquer situação aziaga...

Embora respeitasse os costumes judeus, era acusado de helenizar o país e cultuar os deuses romanos, o que gerava mais agravamento nas suas relações com o povo e os sacerdotes judeus mais ortodoxos.

A sua crueldade aumentou com a velhice e a decadência orgânica, quando se comprazia com o assassinato de vítimas queimadas vivas diante dele, em absoluta indiferença.

Não bastasse tanta perversidade, foi o responsável pela matança dos inocentes, os meninos de Belém, um pouco depois do nascimento de Jesus, com medo de que algum deles fosse o Messias e tomasse-lhe o trono odiento.

Quando já se encontrava consumido pelas enfermidades dilaceradoras, mandou matar o filho Arquelau e, antes de despedir-se do corpo em decomposição antecipada, pediu a Salomé que mandasse matar todos os jovens que se encontravam encarcerados...

Espúrio e sem qualquer princípio, governou sob a tutela de Augusto, a quem presenteava periodicamente com verdadeiras fortunas, para ter os seus crimes hediondos suportados, o que conseguiu a peso de ouro, inclusive fazendo doações vultosas ao povo de Roma para os seus divertimentos insensatos, enquanto no seu reino a miséria se estendesse, especialmente nas classes pobres, as menos favorecidas.

Como se tudo isso não bastasse, após a morte nefasta, deixou para o imperador e sua mulher, Lívia, dois navios de ouro e prata, respectivamente, como testemunho de gratidão e de afeto.

Apesar de todo o poder, não conseguiu evitar a morte, que aconteceu no ano 4 d.C., nem a substituição no trono pelos filhos, aos quais concedera o país dividido em tetrarquias, permanecendo em horrendas disputas, ficando a Judeia ao encargo de Herodes Antipas, que a governou, centrado na sua capital Jerusalém.

❀

Nesse ínterim, caracterizado pela turbulência de toda ordem, pelas insurreições e loucuras, crimes e hediondez, nasceu Jesus, na pequena Belém, há apenas uma dezena e meia de quilômetros da soberba e fétida Jerusalém, orgulho de toda uma raça e sede ali do poder de Roma, representado pela torre Antônia, onde se aquartelavam os dominadores de um dia...

Não havendo lugar para Ele na cidade superlotada de peregrinos que vieram para o recenseamento imposto por Augusto, viu o mundo terrestre em uma gruta calcária nos seus arredores, uma verdadeira estrebaria onde se agasalhavam animais domésticos e dormiam pastores com os seus rebanhos nas noites frias, como era comum na ocasião.

Ele veio pastorear as ovelhas tresmalhadas de Israel e a gentilidade sofredora de toda parte, ali iniciando, entre eles, o Seu ministério de amor.

Nunca haveria lugar para Ele no mundo, nem Ele o necessitava, porque é o Senhor do mundo.

Ele sempre estaria nas estradas, cantando em a Natureza a sublime sinfonia do amor e da sabedoria.

Raramente dormia duas noites na mesma casa, exceto quando, no outono e no inverno, encontrava-se em Cafarnaum, na inolvidável Galileia, utilizando-se do lar de Simão Barjonas, Pedro, o pescador.

Jesus é a luz mirífica a alumiar a densa noite da História, abrindo clarão especial nas brenhas da Humanidade em favor do seu futuro.

Nunca disputou um lar e nenhum teve, porque mesmo aquele onde viveu a expensas dos seus pais não Lhe pertencia...

Viveu errante como os ventos brandos do amanhecer, espalhando o perfume da Sua mensagem, e encerrou a existência despedindo-se dos discípulos e dos afetos numa cruz vergonhosa, cujas traves duras e feridoras transformou em duas sublimes asas que O levaram de volta ao Seu Reino...

Otaviano Augusto nunca ouviu falar sobre Ele, no entanto, no século que ficou com o seu nome, Ele foi muito mais importante, porquanto o Seu berço dividiu os fastos históricos em antes e depois do Seu nascimento.

Otaviano, à semelhança do seu sátrapa, Herodes, morreu vitimado por enfermidade adquirida nos campos de batalha da Bitínia, deixando o legado de poder, fama e glória temporais...

Jesus, superando os dois sicários da sociedade do seu tempo – Otaviano, em Roma, e Herodes, na Palestina –, ofereceu-nos o sublime legado do amor e do perdão, especialmente em relação a eles, iniciando a Era Nova que um dia transformará toda a Terra no Seu Reino em triunfo permanente.

...Luz mirífica Ele é nas trevas densas de todos os tempos!...

Capítulo 2

Tormentosa expectativa

Desde quando era criança que ele sentia ser portador de algo extraordinário.

Muitas vezes pensou tratar-se de algum tipo de alucinação.

Sonhava interiormente com algo difícil de explicar.

Tudo, porém, parecia conspirar de maneira oposta, pois que nascera em um lar gentil, sendo seu pai Zacarias, um sacerdote respeitado e cumpridor dos deveres religiosos, fiel seguidor da tradição.

O seu nascimento ocorrera de maneira especial, porquanto seus pais oravam sempre rogando que Deus lhes concedesse um filho. No entanto, já desenganados da progenitura, seu pai tivera uma visão maravilhosa, quando fora colocar o incenso no vaso, no altar do templo, aparecendo-lhe um anjo que lhe anunciou a chegada de um filho, mesmo com a idade avançada em que ambos se encontravam e a esterilidade de sua mulher Isabel. Deus ouvira as suas preces e recompensava-os com a dádiva requerida.

A sua infância transcorrera entre as flores do campo e os deveres do lar, sob o carinho dos genitores e as reflexões em torno do Livro Sagrado.

Fascinava-o as narrativas de Elias, Isaías e de outros profetas a respeito do Messias que deveria vir para modificar as estruturas do mundo do seu tempo, concedendo a Israel a liberdade anelada e dificilmente conseguida.

À medida que crescera, mais se lhe fixara na mente a predestinação e, mesmo quando adormecido, vivenciava sonhos especiais com a presença de seres angélicos e mensageiros fulgurantes de luz apontando-lhe o futuro...

Resolvera, por fim, meditar, abandonando o relativo conforto do lar, as convenções sociais e humanas, retirando-se para o deserto. No silêncio dos areais inclementes de sol e nas noites frias nas cavernas, vivendo frugalmente, procurava vencer o impositivo do corpo a fim de poder entrar em contato com as *fontes geradoras de vida*, e então descobrir qual era o ministério que deveria exercer.

Sob o regime de austeridade e as lutas gigantescas para vencer os impulsos e necessidades da matéria, João permaneceu fiel ao seu propósito, meditando e procurando entender a grandeza d'Aquele que viria após ele para a renovação da Terra.

O profeta Isaías afirmara:

...Voz do que clama no deserto: preparai o caminho do Senhor, endireitai as suas veredas.[1]

E ele deu-se conta de que a mensagem referia-se a ele, a quem não se achava digno de atar os cordéis das Suas sandálias.

Agigantando-se a ideia nos refolhos da consciência, não teve dúvida, e porque a corrupção, a indiferença pelas criaturas pobres e sofredoras confraternizassem com a hediondez e o crime, ele resolveu-se por atender ao chamado, ao labor para o qual nascera.

Mesmo no deserto, deu início à sua grandiosa missão.

---

[1] Mateus, 3:3 (nota da autora espiritual).

Arrependei-vos, porque é chegado o Reino dos Céus[2] – conclamava com voz eloquente.

As pessoas que iam vê-lo e ouvi-lo ficavam atordoadas, pois que não conseguiam entender exatamente qual era esse *Reino dos Céus*.

Conheciam o reino de Herodes, torpe e indiferente ao destino do povo que governava, como fazia de igual maneira o representante de César.

O soldo nesse mundo está assinalado pela traição, pelo deboche, pelos interesses vis, pela busca do poder e total egoísmo gerador de sobrevivência no meio hostil em que todos se odeiam fraternalmente, sorrindo e lutando por tomar-lhes o lugar, desde que seja mais rendoso.

A que reino ele se referiria? – pensavam os seus ouvintes.

A sua voz trombeteava a necessidade do arrependimento real e profundo, que significa a mudança do comportamento vicioso, assumindo outro de características diferentes.

Deveria ser de tal maneira significativo que, mais tarde, deveriam banhar-se nas águas do rio Jordão, simbolizando a purificação externa, após a interior, assumindo nova identidade, tornando-se seres inteiramente diferentes dos anteriores, homens novos.

Ele próprio não sabia quem seria o Messias, cabendo-lhe, somente, anunciar a Sua chegada, na condição de preparador dos caminhos, abrindo clareiras na mata escura das consciências atormentadas do seu tempo.

E ele desincumbia-se do labor com fidelidade total.

À primeira vista, era um homem estranho, com vestes exóticas, constituída por peles de animais cobrindo-lhe as áreas pudendas e parte do tórax, com uma corda tosca atada à cintura.

---
[2] Mateus, 3:2 (nota da autora espiritual).

Impressionava pela grandeza de que se revestia e causava temor.

Continuava no seu desiderato sem saber quando teria o encontro com Aquele a quem amava sem conhecer, por quem daria a vida se fosse necessário.

Tudo, porém, aconteceu repentinamente. Numa certa manhã encantadora de sol, quando a multidão se apinhava à margem do rio, e ele ministrava as suas orientações, batizando, ergueu a cabeça e O viu.

Ele destacava-se no povaréu, tranquilo, com um leve sorriso bailando na face, caminhando na sua direção.

Emocionou-se e tremeu de contentamento, porque os seus olhos contemplavam o Messias, que se lhe acercou, abrindo passagem com gentileza no meio da massa.

Tudo aconteceu rapidamente, porquanto o Estranho – e era seu primo em segundo grau – prosseguiu sorrindo e preparou-se para receber o batismo. Sentindo-se sem os requisitos exigíveis para tanto, ele recusou-se e pediu-lhe:

– *Eu careço de ser batizado por ti, e vens tu a mim?*

Selava com a humildade o seu discurso de anunciação do Profeta. Mas Ele, bondoso e sábio, retrucou:

– *...Deixa por agora, porque assim nos convém cumprir toda a justiça...*[3] – referindo-se à tradição que anunciava como sinal da sua autenticidade ser batizado nas águas do Jordão.

Passados esses momentos gloriosos, ele sentiu que a sua tarefa estava em pleno êxito e que poderia tranquilizar-se.

---

[3] Mateus, 3: 14 e15 (nota da autora espiritual).

As lutas, porém, eram ásperas, e ele não silenciava diante do crime nem da ostentação, enquanto o sofrimento lapidava a alma do povo.

Herodes Antipas mantinha relacionamento matrimonial com a própria cunhada, que tomara do seu irmão, e ele passou a invectivar a conduta do governante odiento.

Sempre que possível, exprobrava o seu comportamento moral e anunciava o fim do seu reinado, em face da chegada de uma Era de Justiça e de Amor.

Quando as circunstâncias se tornaram severas demais, mesmo para o seu temperamento forte e a sua austeridade, ele desejou ter certeza se o Messias era Jesus, porquanto todos comentavam os Seus feitos, enviando-Lhe dois discípulos para que Lhe interrogassem.

Os jovens foram e viram o que o Mestre fazia, acompanharam-Lhe o ministério por alguns dias e retornaram com as boas notícias, mas ele já estava encarcerado por ordem do governante arbitrário que o desejava silenciar com a prisão.

Nenhuma prisão pode sufocar a verdade, mesmo quando esmague aquele que lhe é o portador.

Maquero era a fortaleza da maldade, onde se encontravam Herodes Antipas e sua corte devassa.

Vítima da vilania de Herodíade, que pediu à filha Salomé a cabeça do profeta, após um festim de embriaguez e de sensualidade, ele foi decapitado, depois de ter cumprido com o seu dever.

Mas a sua voz continuou milênios afora, conclamando ao arrependimento, à renovação, por estarem chegando os terríveis dias do Senhor.

Capítulo 3

A treva e a luz

Mateus, 6:26 a 29; 13: 24 a 47.

A noite moral, aziaga e triste, dominava as paisagens espirituais da Palestina quando brilhou a Sua luz. À semelhança de um sol morno e suave de primavera, Sua irradiação emocional penetrava os poros das almas e revitalizava-as. A apatia e a violência, que se sucediam periodicamente nos poderosos tanto quanto nos infelizes, eram alteradas em razão da onda de magnetismo especial que tomava conta dos sentimentos humanos.

Foram tantos os profetas que vieram antes e prometeram bênçãos uns, enquanto outros haviam amaldiçoado grande parte da mole humana, que este, recém-apresentado, destacava-se pela originalidade das suas alocuções, sempre sustentadas pelo exemplo de abnegação e cimentadas pelo sentimento de amor.

Nunca antes se ouvira algo ou alguém igual que se Lhe equiparasse.

D'Ele se irradiava um poderoso magnetismo que enlevava e conquistava aqueles que O ouviam. Sua voz era meiga e forte, como a brisa que musica o ar e murmura, ou como a flauta que alteia o seu canto e desce em soluço quase inaudível.

A treva era poderosa, mas a luz que ora clareava o mundo jamais se apagaria...

As espigas de trigo dourado oscilavam ao vento brando, enquanto o mar gentil debruçado sobre as praias largas erguia o dorso levemente açoitado pelo sopro que vinha do Norte.

Era um dia qualquer no calendário da Galileia, porém, tornar-se-ia especial e inesquecível. Aqueles homens e mulheres que foram convocados jamais O esqueceriam.

Encontravam-se na faina a que se acostumaram, quando escutaram o Seu chamado. Não saberiam informar o que lhes acontecera. Simplesmente abandonaram os quefazeres e O seguiram, fascinados e felizes, mesmo sem O conhecerem. N'Ele havia tanto poder de sedução, que nem sequer pensaram em resistir. Não houve tempo mental nem titubeio. Aquela voz dulcificara-os e arrebatara-os. E O acompanharam sem saber para qual destino ou por que assim o faziam.

Nunca, porém, iriam arrepender-se. Ele estava reunindo os obreiros da Nova Era, a fim de que edificassem com Ele o Reino dos Céus, sem fronteiras nas paisagens infinitas dos corações humanos.

A Galileia gentil e franca, caracterizada pela simplicidade do seu povo e pela Natureza em festa constante, com o imenso espelho do mar, orlava-o do multicolorido da vegetação luxuriante e rica de espécies.

O seu dia a dia estava circunscrito aos deveres comezinhos a que todos estavam acostumados. As notícias da capital do país ou de outras cidades do Além-Jordão chegavam pela voz dos viajantes que lhe venciam a Casa da Passagem, demandando outras terras. Por isso mesmo as novidades eram poucas, e estavam acostumados ao labor das redes, das colheitas de frutas e do trigo maduro que bordava com ouro as terras mais baixas.

Desse modo, quando Ele apareceu houve um impacto, e as Suas palavras, especialmente as Suas ações, foram tomadas com arrebatamento e viajaram com celeridade de coração a coração, de porta em porta.

Ele abandonara Nazaré e fora para Cafarnaum, a cidade encantadora, nos confins de Zebulom e Naftali, onde começou a derramar a Sua taça de luz inapagável.

...E o povo, após ouvi-lO, deixava-se arrastar pelo fascínio da palavra que Ele enunciava.

Parecia que todos O aguardavam, embora não soubessem conscientemente. Ele tornou-se, então, o motivo básico de todos os comentários, também de todas as esperanças e receios...

A felicidade dos sofredores é feita de medo de perdê-la. Tão acostumados se encontram com a dor, que não sabem fruir do encantamento da alegria, malbaratando, não raro, os momentos melhores, que não sabem aproveitar.

Diante d'Ele, todos os problemas perdiam a significação e a gravidade, porque se faziam diluídos ante os esclarecimentos simples que ministrava, utilizando-se de imagens corriqueiras, conhecidas e vivenciadas.

– *A semente que morrer, esta viverá* – dizia com encantamento na voz –, *mas aquela que teimar em viver, esta morrerá.*

Olhai para as aves do céu, que nem semeiam, nem segam, nem ajuntam em celeiros; e Vosso Pai celestial as alimenta. ...E qual de vós poderá, com todos os seus cuidados, acrescentar um côvado à sua estatura? ...Olhai para os lírios do campo, como eles crescem; não trabalham nem fiam; e eu vos digo que nem mesmo Salomão, em toda a sua glória, se vestiu como qualquer deles.[4]

---

[4] Mateus, 6: 26-29 (nota da autora espiritual).

Não havia nenhuma contradição, nem impossibilidade de assimilar-se esse ensinamento. Claro e belo, oferecia confiança em qualquer tribulação. Ninguém se encontra abandonado pelo Pai, que se encarrega de vestir a Natureza de cor e harmonia, cuidando-a, sem que ninguém o saiba ou o perceba, como iria abandonar os Seus filhos nas experiências de iluminação?!

Era tão maravilhoso, que talvez não passasse de um sonho bom. Despertava aquela gente e, em cada manhã acorria no Seu encalço, a fim de confirmar que se tratava de realidade.

A Sua presença trouxera uma indescritível onda de alegria e toda a Galileia, desconsiderada e ridicularizada pela opulenta Judeia e pela jactância dos sacerdotes, doutores, saduceus, fariseus, refinados na arte da ironia e da humilhação.

Ele, porém, erguia-os a altiplanos dantes nunca conquistados, de onde podiam enxergar psiquicamente o que lhes aguardava em bênçãos.

...O Reino dos Céus é semelhante ao homem que semeia a boa semente no seu campo...[5]

Afirmara com júbilo e simplicidade:

— O Reino dos Céus é semelhante a um homem que saiu a semear, e que experimentou a rudeza da terra, vencendo-a pelo trabalho, a canícula causticante, superando-a, e colocou as suas sementes no colo amigo do solo, cuidando através de irrigação, e resguardando-a de pragas e mau tempo, quando ressurgiu em débil plântula de esperança, até que se transformou em vida exuberante a ornar-se de flores e frutos, oferecendo sombra e apoio. Assim sucede com todo aquele que espera a colheita de felicidade, sendo convidado a plantar antes e atender a sua seara.

---

[5] Mateus, 13:24 (nota da autora espiritual).

Ou então cantarolava com um meigo sorriso nos lábios:

...O Reino dos Céus é semelhante a uma rede lançada ao mar, e que apanha toda qualidade de peixes.[6]

O Reino de Deus é comparado a um homem que lança a sua barca nas águas calmas do mar, na expectativa de pescar para o próprio sustento, mas quando se encontra preparado para atirar as redes, as águas se encrespam açoitadas pelos ventos rudes e se tornam ameaçadoras, diante de nuvens carregadas e sombrias. Mas ele confia nos remos frágeis e nos braços fortes, insistindo sem temor, até que a tempestade passa e tudo se acalma, facultando-lhe recolher o fruto da paciência e da perseverança. Ao retornar à praia, com o barco carregado de peixes, comentando sobre as ameaças da tormenta, por mais que os outros desejem entendê-lo, somente ele sabe o que sofreu e lutou, porque somente ele foi testemunha do desafio e da provação. O mesmo se dá com aquele que sai na busca do Pai no mar traiçoeiro da Humanidade, e não desanima, nem teme as ocorrências infelizes, porque sabe que, um pouco depois, chega a hora do encontro...

Ninguém antes falara assim, com naturalidade, a linguagem que todos entendiam.

Mas esses eram os primeiros raios de luz que penetravam a noite, a fim de transformá-la em dia de festa, que viria depois.

---

[6] Mateus, 13: 47 (nota da autora espiritual).

Capítulo 4

Sublime encantamento

Uma psicosfera inusual dominava a paisagem das almas naqueles dias.

A região do Mar da Galileia, especialmente no lado em que repousavam próximo às suas praias as cidades movimentadas de Cafarnaum, Magdala, Dalmanuta e as aldeias humildes com o seu casario em tonalidade cinza, fruía de uma desconhecida paz.

Praticamente dedicada à pesca nas águas quase sempre tranquilas do mar gentil, vivia-se naquela região um período de estranha harmonia.

Suas gentes pobres, com as raras exceções dos poderosos transitórios que nunca ambicionaram sair dali ou desfrutar dos prazeres da fortuna, sem que pudessem explicar, experimentavam estranho bem-estar.

Os pescadores estavam acostumados à sua diária labuta: conserto de redes, aventuras nas águas, movimentação na praia e discussão com os compradores dos peixes, conversas infindáveis sobre as questões modestas dos seus interesses, pagamentos dos impostos absurdos, todos descendiam de outros que se haviam dedicado ao mesmo mister.

A rotina era quase insuportável, o mesmo acontecendo com os agricultores, oleiros, marceneiros, construtores e comerciantes...

Cafarnaum era uma cidade grandiosa, considerando-se os padrões da época, pois que ali havia uma sinagoga importante e possuía ruas calçadas, praças formosas, mansões e casebres como em toda parte.

O luxo de uns humilhava a miséria de outros. Mas todos conviviam dentro dos seus padrões, acostumados que estavam às circunstâncias e às condições existentes.

A política infame de César esmagava os dominados em toda parte; e a luxúria, o fausto, os constantes desafios do tetrarca, desde há muito silenciaram os ideais libertários, esmagando com os impostos exorbitantes os trabalhadores e o povo sempre reduzido à miséria.

Nesse quase lúgubre cenário humano, soprava uma diferente brisa de paz e de espontânea alegria, como se algo estivesse acontecendo, o que, em verdade, ocorria...

Chegara o momento em que Jesus deveria iniciar o Seu ministério.

Ele havia elegido aquela região simples, de onde, por ironia, asseverava-se que nada de bom poderia sair. Seria, portanto, um paradoxo, porque os fatos iriam demonstrar o equívoco desse comentário desairoso.

Num magnífico dia de sol, enquanto todos laboravam como de costume, Ele saiu a pescar homens para o Seu Reino, para a implantação de uma diferente Era, como jamais dantes ou depois houvera, ou se repetiria.

Caminhando vagarosamente, acercou-se de uma barca onde os irmãos Pedro e André e os irmãos Boanerges (por Jesus apelidados como Filhos do Trovão) se encontravam e, após fitá-los demoradamente, produzindo nos observados certa estranheza, pois que O não conheciam, disse:

– *...Vinde após mim, e eu vos farei pescadores de homens.*[7]

Uma harmonia incomum penetrou-lhes as almas e eles ficaram extasiados. Ninguém nunca lhes falara naquele tom, daquela forma. O estranho continuou olhando-os de maneira transparente e doce, aguardando.

Na acústica do ser identificaram aquela voz que parecia adormecida por muito tempo e agora ecoava suavemente.

Não sabiam qual era a intenção d'Ele, nem os recursos que possuía, nem sequer podiam identificar o a que se referia, percebendo somente que era irresistível Seu convite.

Desse modo, magnetizados pela Sua presença, deixaram o que estavam diligenciando e O seguiram.

Ele não deu explicação nenhuma, tampouco os convidados fizeram qualquer pergunta. Poder-se-ia pensar que era o senhor chamando os seus servidores, que o atenderam sem protesto, sem vacilação.

Decerto, a sua rotina era cansativa e estavam saturados, mas era aquele o único recurso de sobrevivência de que dispunham, por isso amavam o que faziam.

Aquele foi-lhes o momento definitivo da existência, que se modificaria para sempre.

---

[7] Mateus, 4:19 (nota da autora espiritual).

Caminhando com alegria em silêncio, Jesus foi adiante e convidou outros dois pescadores, um dos quais muito jovem e de aparência sonhadora, e falou-lhes com a mesma candura.

Então eles, deixando logo as redes, seguiram-nO.[8]

Eles não relutaram, nada indagaram, como se estivessem apenas aguardando o convite, e as redes que estavam consertando caíram nas areias, e deixando imediatamente o barco e o pai, O seguiram.

No dia seguinte quis Jesus ir à Galileia, e achou a Filipe e disse-lhe: "Segue-me".[9]

Ele levantou a cabeça quando O viu chegar e sorriu, enquanto ouvia o convite: — *Segue-me!*

A partir dali, toda a região foi modificada. Os comentários tornaram-se focos de controvérsias e de considerações incongruentes. Ninguém entendia o que acontecera com aqueles antigos pescadores e outros, como o cobrador de impostos, que deixou também a sua coletoria para segui-lo, apenas recebeu o chamado...

Pode-se asseverar que todos haviam sido escolhidos muito antes daqueles momentos e que somente aguardavam ser convocados.

O mundo, no entanto, é fascinante nas suas ilusões, e os desejos humanos em forma de ambições de poder e de gozo têm suas raízes profundamente fincadas no solo da memória por atavismo e imposição das vivências anteriores.

Trata-se de um grande risco abandonar tudo e seguir um estranho. Isso se realmente Ele fosse um estranho, o que não tinha

---

[8] Mateus, 4:20.
[9] João, 1:43 (notas da autora espiritual).

fundamento, porque todos experimentavam a sensação de O conhecerem, de O amarem, de Lhe sentirem a ausência...

Afinal, a vida na Terra é uma sucessão de riscos calculados ou não, de tentativas de erros e de acertos.

Aquela desconhecida aventura, no entanto, era tecida pelos sonhos de um mundo melhor, um amálgama de anseios do coração e da mente anelando por melhores condições de vida, por felicidade.

Jesus, porém, nada lhes ofereceu por enquanto. Somente os convidou, reunindo-os como discípulos para o grande empreendimento que viria depois.

❁

Aquele chamado era aguardado por Israel, que esperava um rei ameaçador e perverso, que lhe restituísse a liberdade política, dando-lhe poderes para tornar-se tão cruel quanto o Império que o estraçalhava.

Com esse grupo de galileus e, mais tarde, com um judeu de Kerioth, iniciou-se a mais fantástica façanha de que a História guarda notícia.

O primeiro encontro foi na casa de Pedro, que era casado e certamente o mais velho de todos, embora ainda não houvesse alcançado os 50 anos.

Todos estavam dominados pelo brilho dos Seus olhos e pela ternura da Sua presença.

De alguma forma eles sonhavam com esse futuro que chegara, somente que não sabiam como se apresentaria, de que era constituído, o que deveriam fazer.

Tudo, porém, foi-se apresentando a seu tempo, e as revelações começaram a diluir a cortina de sombras e a vitalizar a debilidade das forças.

Em breve, a revolução iria começar e, para tanto, era necessário que se fortalecessem, que abandonassem os velhos hábitos do egoísmo e passassem a viver em grupo, repartindo o pão e o teto, a alegria e a tristeza, a esperança e as dúvidas que periodicamente os assaltavam...

Eram quase todos analfabetos, com exceção de Mateus, de Judas, de Tiago e de Pedro e João, que adquiririam o conhecimento das letras mais tarde, deixando a grandeza de sua epístola e as narrações evangélicas assim como o Apocalipse...

Judas, o mais letrado e hábil em administração, que foi encarregado de guardar as pequenas reservas monetárias do grupo, era dedicado e fiel enquanto se deslumbrava ante as promessas do Senhor, até quando começou a atormentar-se ao constatar que o Seu *Reino* era outro, muito diferente daquele que excogitava e tinha ânsias por fruir.

Insinuando-se-lhe a dúvida, o ressentimento encontrou guarida nos seus sentimentos, e ele tornou-se vítima infeliz de si mesmo, quando se permitiu perder na ambição acalentada.

O grupo humilde tinha tudo para fracassar, menos o Mestre, que o guiava, que lhe trabalhava as anfractuosidades íntimas, que lhe construía a nova personalidade, modelando a pedra bruta representativa da ignorância atual, para arrancar o que se encontrava oculto, a essência sublime da vida...

...E eles se tornaram os construtores do Novo Mundo, deram-se integralmente à causa que abraçaram, testemunharam, após as fraquezas humanas, a grandeza de que eram constituídos.

Nunca mais a sociedade seria a mesma, jamais se repetiriam aqueles dias, que se transformaram no marco definidor do futuro, bem diferente do passado...

Capítulo 5

A Magna Carta universal

> *Ouvistes que foi dito: amarás o teu próximo e odiarás o teu inimigo. Eu, porém, vos digo: amai a vossos inimigos, bendizei os que vos maldizem, fazei bem aos que vos odeiam, e orai pelos que vos maltratam e vos perseguem; [...] Porque faz que o seu sol se levante sobre maus e bons, e a chuva desça sobre justos e injustos...*
> Mateus, 5:43-45.

A História antiga está repleta de filósofos, legisladores e missionários, que contribuíram eficazmente para o progresso da cultura, da Ética, da arte e da Ciência.

Escolas de pensamento multiplicaram-se através dos tempos, discutindo a melhor técnica para a aquisição da felicidade, a superação do sofrimento, a coragem para o inevitável enfrentamento com as urdiduras das ocorrências infaustas.

Teses audaciosas e complexas foram apresentadas em todos os tempos, homens e mulheres notáveis procuraram ampliar os horizontes do mundo mediante exemplos, no estoicismo e na beleza, sem conseguir apresentar uma fórmula universal que pudesse atender a todas as criaturas nas mais diversas épocas e oportunidades...

O ódio, a vingança, a predominância da força, o revide e a rebeldia sempre foram os espólios das gerações transatas, que passavam às sucessivas, tentando demonstrar que somente por meio do poder e do desforço o indivíduo podia realizar-se, desse modo, encontrando a plenitude.

Nada obstante, os fatos sempre demonstraram o equívoco lamentável desse comportamento insano e as consequências inditosas da sua aplicação e vivência.

Veio Jesus, o Peregrino Cantor da Galileia, e apresentou a chave da harmonia, da autorrealização, em um conceito simples, numa linguagem destituída de atavios, numa lógica incomum, apresentando o amor puro e simples como a única e eficaz solução para todos os enigmas e conflitos.

Enquanto vicejarem a força e o poder desmedido, sempre se apresentarão a desdita e o desespero, como resposta da vida a esses vassalos da inferioridade humana.

O vencedor sempre era aquele indivíduo que esmagava, que erguia estátuas à sua grandeza sobre o cadáver dos vencidos em armadilhas covardes, fazendo silêncio para que a estupidez fosse coroada de louros e assinalasse sua época.

A partir de Jesus, o vencedor é aquele que supera a sua inferioridade moral, que se apequena para que outros cresçam e se desenvolvam.

Para tanto, outro método não existe além e fora do amor.

O amor procede do hausto divino, sendo a força dinâmica encarregada de manter a harmonia em toda parte.

O Pai faz chover sobre terras produtivas e estéreis com o mesmo carinho que distende a luz solar sobre a corola da flor e o cadáver em decomposição, que ajuda o ser bom quanto o mau, jamais se cansando de amar.

Seu amor é igual para aquele que O respeita, assim como em relação àquele que O destrata, sem privilégio para o primeiro ou ressentimento em relação ao outro.

O amor é equânime e justo, simples e nobre, jamais se ensoberbecendo ou magoando-se, seja como for que se expresse.

A antiga recomendação de amar apenas a quem ama tinha um caráter doentio de retribuição, de pagamento, a que não se submete o sentimento afetuoso. Por que odiar o inimigo, se ele perdeu o endereço de si mesmo, sendo um necessitado, alguém que está enfermo da alma? Quando se odeia a quem odeia, ambos encontram-se no abismo do desequilíbrio emocional, nutrindo-se dos miasmas mentais que produzem, em tormentosas conjunturas internas.

Amar, em qualquer circunstância, é comportamento que enriquece e liberta.

Todo aquele que ama é livre e feliz, semeando luz e esperança onde se encontra, por onde passa, porque exterioriza ternura e emoção elevada que a todos contagia.

O ódio é veneno que entorpece os sentimentos e convulsiona aquele que o carrega, intoxicando-o, inexoravelmente.

A mitologia grega refere-se a Circe (feiticeira), que transformava os heróis em animais somente pelo prazer de os ver sofrer.

Trata-se de um comportamento alienado, de inveja dos triunfadores, da ausência do respeito que se deve ter para com os demais.

Da mesma forma, as Parcas teciam as indumentárias do infortúnio, da doença e da morte para aqueles que lhes caíam em desgraça, infelizes e atormentadas nas furnas em que se refugiavam.

Jesus é o "antissofrimento", é o caminho da felicidade e o amor que recomenda; é a sustentação indispensável para o êxito em qualquer cometimento.

O ódio resulta dos sentimentos primários insatisfeitos, nos quais a criatura se debate, conspirando contra a paz que se anela, tornando-se remota a sua conquista.

O amor, no entanto, é o estímulo que nutre a vida e a favorece com energia e encantamento para prosseguir indefinidamente.

A sociedade daquele como destes difíceis tempos, parece satisfeita com a brutalidade, com o predomínio da fera em vez do cordeiro em sua natureza íntima, optando pela animosidade, na qual o instinto se realiza, em detrimento da fraternidade, em cuja satisfação o espírito se engrandece.

Do ponto de vista egoico, o amor aos inimigos parece loucura, enquanto a loucura é o ódio em qualquer expressão em que se apresente.

O ser humano ainda não despertou realmente para a experiência fascinante do amor; especialmente aqueles que estorcegam nas paixões asselvajadas, à míngua de carinho que evitam receber e de compaixão que se escusam aceitar. Assinalados por terrível egocentrismo e respirando a própria inferioridade, refugiam-se no ódio, porque deixam de pensar; perdem o contato com a realidade e centralizam-se unicamente no desvio de conduta que os leva a anelar pela infelicidade de outrem. Esse outrem é a projeção deles, que se detestam.

É inadiável a necessidade de amar-se o inimigo, não lhe devolvendo o mal que faz, não sintonizando com a sua aberração temperamental, não descendo aos níveis inferiores do primitivismo de onde já se saiu.

Amar o inimigo e fazer-lhe todo o bem que se pode, constitui a nova ordem emocional, o novo roteiro para o equilíbrio, o seguro meio para a aquisição da felicidade pessoal.

Quando se deseja conquistar alguém, investe-se tudo quanto está ao alcance. A vitória desse anseio torna-se meta inadiável, fixação, monoideia... Depois do êxito, de haver-se alcançado o desejo, descuida-se de preservar o sentimento, de sustentar a afetividade com a gentileza, acreditando-se erradamente que já se conseguiu o que se queria, sendo um grande e terrível engano, porque facilmente se perde o que não é mantido, deixando um imenso vazio no sentimento do outro e grave frustração no descuidado.

O amor-próprio, filho dileto da presunção e do egoísmo, cria barreiras impeditivas onde somente deveria haver pontes que facilitassem o trajeto; e a solidão, a amargura tornam-se companheiras do aflito conflitado pela insensatez.

É normal viver-se armado contra todos e tudo, quando se deveria viver amando para também ser amado...

No que diz respeito ao inimigo, é justo ter-se em conta que ele odeia o outro, porque o não conhece; não se permite a consciência do quanto está perdendo em bem-estar e alegria.

Mais uma razão para que seja amado por quem detesta.

A sensibilidade do amor é tão grande e significativa que nem a si mesma, na maioria das vezes, a criatura ama, fugindo emocionalmente da autoanálise, que a leva a encontrar-se carente, emulando-a ao esforço pela autoafeição.

Conseguida essa etapa, facilmente amará o seu próximo e, logo depois, àquele que a odeia...

Quando Jesus, no inesquecível Sermão da Montanha, propôs o poema de amor aos inimigos, dilatou os horizontes da afetividade, dando-lhe um caráter universal.

Por que então se odiaria a outrem que enfermou, quando todos passam pelo mesmo fenômeno de distúrbio emocional, de transtorno de comportamento?

Jesus propôs o amor aos inimigos, fazer-lhes todo o bem que esteja ao alcance, e revolucionou o pensamento dos tempos futuros.

À semelhança, pois do Pai, do Sol, da chuva, da seca, do calor e do frio que a todos atingem, o amor deve ser incondicional, generalizado e permanente.

Amai e orai pelos inimigos é a recomendação incontestável.

O recurso é esse, e o resultado é o bem sem limite.

Capítulo 6

Reino feliz

Nas inolvidáveis estações primaveris, quando terminavam as pregações nas margens do lago, em Cafarnaum, e as multidões dispersavam, o Amigo, Poeta e Cantor buscava a tranquilidade do lar de Simão Pedro, vivendo as abençoadas experiências familiares.

Aqueles que O acompanhavam, na maioria ali residentes e nas suas redondezas, continuavam ao Seu lado em diálogos intérminos, exuberantes de aprendizagem e de enriquecimento de amor.

Invariavelmente, quando o plenilúnio derramava suas *franjas de prata* nas águas do mar-espelho, refletindo-se em lucúleo de luz, e a brisa perfumada corria nos braços do vento brando, Ele se assentava em uma das muitas pedras existentes na praia de areia marrom, e os amigos cercavam-nO de carinho, quando Lhe apresentavam suas dúvidas e inquietações.

Ainda ecoavam nos recônditos dos sentimentos daqueles amigos o cântico incomparável das bem-aventuranças, as Suas promessas e desafios que os tomaram de surpresa.

Sempre que Ele abria a boca e falava, pérolas de sabedoria escorriam dos seus lábios em maviosos cânticos que os inebriavam.

Aquele inolvidável sermão falara sobre as bem-aventuranças, e eles não conseguiram penetrar imediatamente no seu significado transcendental. Estavam acostumados às lutas do dia a dia, à azáfama e preocupações com os impostos pesados e os recursos para a sobrevivência. Anelavam, é certo, por paz, pelo repouso despreocupado na velhice, ou pela ajuda confortável na enfermidade, mas nunca haviam pensado nas delícias do Reino dos Céus de que lhes falara...

Tiago, mais versado nas escrituras, fiel aos textos de Moisés, tampouco se preocupara antes com a vida além do corpo, sabendo somente que após a morte os bons seriam recompensados, enquanto os maus seriam punidos, o que lhe bastava ao entendimento.

A visão nova em torno da espiritualidade surpreendia-o, sem que pudesse entender exatamente como seriam essas recompensas propiciadas pelo Pai Misericordioso.

Porque houvesse, naquele momento, um silêncio mágico, arrebatado pelas onomatopeias da Natureza e o quebrar das leves ondas na praia bordada de espuma branca, Tiago, o filho de Alfeu, perguntou-Lhe:

— *Senhor, deslumbro-me com as Vossas informações, embora nem sempre as compreenda, porque estão além da minha capacidade de entendimento.*

Pigarreou, enquanto organizava mentalmente a questão que iria apresentar, logo prosseguindo:

— *O Reino dos Céus, por exemplo, a que sempre Vos referis, é um lugar especial de delícias, que se vivenciará depois da morte ou se encontra aqui na Terra onde estamos?*

O Mestre compassivo sorriu suavemente, olhando com brandura o amigo quase constrangido, e respondeu:

— Todas as criaturas aspiram à felicidade, que se apresenta para cada uma delas de maneira diferente: para o enfermo é a cura, para o faminto é o pão, para o sedento é a água refrescante, para o necessitado é o socorro que o livre de preocupação, para o solitário é a companhia, sendo algo especial para cada grau de aflição ou de sofrimento. A felicidade, no entanto, não é a falta de sofrimento. Existem pessoas que não se encontram enfermas, que não têm carência de coisa alguma, no entanto vivem dominadas pelo mau humor, pelo desinteresse em torno da vida, tristes e macambúzias...

Outras, no entanto, existem que sofrem dificuldades e são portadoras de enfermidades diaceradoras, apesar disso não se queixam, apresentam-se alegres e joviais, são fraternas e espalham bom ânimo.

A felicidade, portanto, independe do que se tem, sendo um estado interior de paz que as questões de ordem material não conseguem perturbar.

Assim é o Reino dos Céus, que tem início no coração das criaturas, quando optam pelos valores do bem, da justiça, do trabalho, do amor, da solidariedade. A mudança de atitude na vida, em relação à harmonia entre todas as coisas e seres, acalma interiormente o indivíduo, que passa a aspirar à compreensão entre todos e pelo espírito de solidariedade que deve existir nos sentimentos. Essa compreensão proporciona-lhe bem-estar interno, que se exterioriza em forma de júbilo e de saúde, mesmo que surjam doenças nesse percurso...

Aquele que assim procede vivencia, desde então, o Reino dos Céus no coração, prolongando-o para além da morte física, quando o Espírito, livre das injunções penosas, muitas vezes, do corpo, alça-se em direção ao Pai Amoroso.

Todos somos originários do Mundo espiritual, que é eterno, portanto, anterior a este, que serve de modelo para o corporal, para onde todos retornaremos inevitavelmente, porque a morte não interrompe a vida... Aqueles que houverem amealhado a paz e trabalhado em favor da felicidade prosseguirão habitando em região de incomparável beleza, onde não existem sofrimentos nem desencantos, não se experimentam ansiedade nem receios, porque a harmonia que o constitui enternece o coração e enriquece a mente com a imperecível luz da felicidade.

Todos os amigos estavam dominados por leve sorriso de esperança, que lhes bailava nos lábios, procedente dos sentimentos de alegria, como que antevendo a região paradisíaca a que Ele se referia.

— *O Mundo espiritual* — prosseguiu, suavemente — *é constituído de júbilos e promessas de alegria, nas regiões abençoadas, porque existem igualmente lugares de sofrimentos reparadores, onde se alojam aqueles que não quiserem ou não souberem comportar-se conforme os padrões da Lei de Amor, ali expungindo os crimes e equívocos de que se fizeram responsáveis, para poder libertar-se do mal que neles existe e avançar na direção da felicidade, que não é negada a ninguém, porque o Pai é somente amor...*

A felicidade, desse modo, que constitui o Reino dos Céus na Terra, não é feita dos desejos e da sofreguidão que atormentam as criaturas, mas de renúncias e de libertação das coisas que escravizam, desde que as posses, por mais honrosas conforme se apresentem, são temporárias e ninguém as conduz após a morte, sendo motivo de desavenças e desgraças, normalmente, entre aqueles que ficam...

Os tesouros reais, portanto, são aqueles que libertam a consciência e dulcificam o coração. Para tanto, é indispensável que se tenha uma vida interior rica de ideais e de compreensão das humanas necessidades. Quando se está dominado por essa presença — um ideal de bem servir e de muito amar —, não importa onde o indivíduo se encontre, quer seja no cárcere ou na liberdade. Todos os seres humanos trazem no íntimo os elementos que constituem a plenitude, mas nem sempre sabem distinguir, em razão do embaraçoso mundo de futilidade e de coisas nenhumas, a que se atribui valor exagerado. É natural que haja interesse pela pesca, pela semeadura na terra generosa, pelo trabalho na construção, pelas atividades dos deveres sociais e humanos da vida em família e em sociedade... No entanto, deve haver igualmente preocupação pela realidade que a todos aguarda além do corpo, quando advém a morte, que é inevitável, a nobre mensageira da vida...

A felicidade não é, portanto, uma calmaria após a turbulência de acontecimentos desagradáveis e afligentes. A isso podemos chamar de repouso ou satisfação por haver-se libertado do que era causador de sofrimento.

O Reino dos Céus, desse modo, pode ser considerado o conhecimento da vida e das responsabilidades que são decorrentes, mediante a consciência do dever que deve ser retamente cumprido e das experiências que se adquirem no contato com as várias facetas em que se apresentam. Permanecendo essa condição interna, as ameaças de fora, as agressões, as perseguições, em vez de constituírem motivo de desânimo ou de dor, transformam-se em estímulo para o prosseguimento do ideal que se abraça...

Novamente silenciou ante o natural deslumbramento dos companheiros.

O cricrilar dos grilos e os murmúrios das mil vozes da noite formavam uma peculiar musicalidade que servia de fundo à Sua voz macia e doce.

Levantando-se, ficando banhado da argêntea claridade do luar, Ele concluiu:

— Um dia, que não está muito longe, quase todos sereis chamados a viver essa inefável alegria de comunhão com o Pai em silencioso sentimento de amor e de união, quando o mundo se voltar contra vós, por minha causa, e acusando-vos da prática do mal e da perversidade, da desobediência às suas injustas leis, vos castigarem *e vos tomarem a vida física... Não temais, mantendo-vos fiéis e serenos, porque estareis em êxtase de felicidade, longe dos impositivos transitórios que eles, os perseguidores, estarão possuídos... Enquanto neles a fúria e o medo, os tormentos do ódio e do desespero estiverem acendendo o fogo da destruição, estareis em calma, refrigerados pela certeza da libertação total e do futuro gozo do* Reino *que vos está destinado... Alegrai-vos, então, e cantai dominados pela compaixão em relação a eles e pela expectativa do reencontro comigo e com todos aqueles que vos têm amado desde o princípio...*

Silenciou, deixando que a balada suave em forma de bem-aventurança prosseguisse musicando os seus sentimentos naquele momento, felizes e confiantes...

Capítulo 7

Afonia Espiritual

Mateus, 9:32 e seguintes.

Convidando Mateus a segui-lO em clara manhã arrebatadora de luz, os fenômenos produzidos por Jesus sucediam-se como se uma sinfonia de bênçãos alcançasse as massas sofridas e desiludidas dos caminhos...

Eles haviam esperado tanto por aquele momento! As notícias procediam de todo lado, trazidas pelos ventos anunciadores de esperanças. Fazia tempos que somente a dor era ouvida, na razão direta em que os socorros se tornavam escassos, quando não chegados. As sementes, que foram atiradas ao solo da fé, não conseguiram germinar, conforme seria de esperar-se, e uma terrível desolação tomava conta do povo abandonado de Israel.

Jesus chegou, e todas as vistas foram dirigidas no seu rumo.

Desconhecido, Ele passeava a Sua misericórdia envolta em compaixão e entendimento. Porque conhecesse aquele povo e suas dores, usava de brandura e piedade, ajudando-o a sair do desencanto e da desconfiança.

Pior, às vezes, que as enfermidades são os tormentos da alma, a perda do sentido existencial, a indiferença ante o que possa acontecer. Essa era, pois, a paisagem moral que Ele viera alterar, ensementando amor nos corações e luz nas sombras densas da ignorância.

Jamais alguém assim o fizera. Os profetas raramente sentiam as angústias do povo; antes, ameaçavam-no, admoestavam-no, anunciavam tragédias. Bem poucos houve que trouxessem a chuva de misericórdia para as suas ardentes inquietações.

Ele, porém, por onde passava deixava um rastro de estrelas iluminando a noite dos caminhos. Cânticos de gratidão e de glória se levantavam para bendizer-Lhe os feitos.

...E Ele seguia, tranquilo e suave, como as nuvens garças carreadas por ventos brandos no azul do céu...

Não fazia muito ele trouxera de volta ao turbilhão da vida física a menina tida por morta. A catalepsia condenava-a à sepultura, quando Ele percebeu que ainda vivia e solicitou que todos saíssem do ambiente – músicos, carpideiras, familiares e curiosos –, chamando-a para que retornasse, o que aconteceu de imediato.

Ainda não se haviam silenciado as vozes da alegria, quando Ele libertou da treva os cegos que se lhe aproximaram suplicando apoio. Antes mesmo que esses se dessem conta do ocorrido, recomendou-lhes que não dissessem nada a ninguém. Ele não necessitava de propaganda, e muito menos de reconhecimento humano.

O perfume do amor impregna sem aguardar nada em troca. E Ele era amor que não seria amado, por mais que fizesse em favor de todos quantos se Lhe acercassem.

Mas eles não O atenderam, e o seu júbilo era tal que narravam o acontecimento por toda parte, proclamando-Lhe o feito incomum, jamais antes acontecido.

Era natural que outros infelizes fossem-Lhe trazidos pelo povo ávido de fenômenos e possuidor de necessidades incomuns...

De lugar em lugar, repetiam-se as maravilhas, e as multidões se tornavam mais volumosas, a fim de O verem, tocarem-nO, qual o fizera a mulher que padecia de um fluxo de sangue, assim conseguindo a cura. A sua havia sido a fé que transporta montanhas, e se tratava de uma estrangeira, mas que acreditara no Seu poder.

As sinfonias são peças muito complexas e ricas de melodias que se completam em favor da harmonia do conjunto. A Sua era uma sinfonia incomparável de ações ininterruptas, atingindo o clímax para logo recomeçar.

Assevera o evangelista Mateus que Lhe trouxeram um mudo, que se encontrava dominado por um Espírito perverso, impossibilitando-o de falar.

A obsessão era evidente, e o sofrimento da vítima era visível.

Sofria essa afasia espiritual em resgate necessário, em face dos delitos perpetrados anteriormente, quando falhara nos seus compromissos morais em existências passadas. Colhido pela austeridade da Lei, sofria a angústia da mudez, ampliada pelo assédio do ser infeliz que o dominava, desforçando-se do que antes lhe fora imposto sem qualquer sentimento de piedade.

Jesus devassou aquelas duas vidas que se digladiavam na esfera espiritual, detectando o invasor daquela existência, na prepotência comprazendo-se.

Em silêncio, psiquicamente admoestou o indigitado cobrador e expulsou-o das matrizes espirituais do seu hospedeiro. Cessada a causa do mutismo, o enfermo recobrou a voz e pôs-se a falar com entusiasmo, enquanto as lágrimas lhe escorriam em festa pelos olhos desmesuradamente abertos.

Ante a louvaminha dos entusiastas observadores, esfaimados de luz e de paz, Jesus lamentou quão grande é a seara e quão poucos são os ceifeiros!

Ele sabia que todos aqueles sofrimentos eram justos, em razão dos desmandos daqueles que os padeciam. Reconhecia, porém, que os homens e mulheres se encontravam tão envolvidos pela ignorância e pelo imediatismo, que se fazia necessário um número muito grande de servidores devotados para que fossem diminuídas as causas das aflições através da renovação moral das massas...

Muitas vezes, acompanhamos referências bíblicas sobre a *Palavra* como sinônimo de Deus, do Pai Criador, que elegera Jesus pelos Seus méritos para vir ter com as criaturas humanas no proscênio terrestre sombrio e triste. A palavra também constitui doação divina para que as criaturas se comuniquem, enriqueçam-se, permutem experiências, contribuam em favor do progresso e da felicidade. Ela tem sido de valor inestimável através dos tempos e em todos os povos. No entanto, o seu uso indevido responde por violências, vilipêndios, calúnias, agressões e guerras... Vestida de luz, rompe a escuridão dos conflitos e abre espaços para a conquista da plenitude. Traduz a inspiração do *Alto* em cânticos de louvor e de glórias, imortalizando os pensamentos e as emoções.

Aquele obsidiado era mudo. Tinha as cordas vocais paralisadas sob a ação dos fluidos deletérios do seu perseguidor. Tentava comunicar-se e encontrava-se em silêncio. Jesus restituiu-lhe o verbo, e ele proclamou a glória de Deus.

Há, no entanto, multidões que falam e são mudas em relação aos valores eternos do espírito, sem contato com Deus.

Expressam os seus pensamentos, porém, emudeceram em relação à vida, vitimadas pelo materialismo, pelas ambições desmedidas, pelo egoísmo exacerbado.

Essa mudez leva à loucura, porque desestrutura o pensamento e desarmoniza os sentimentos.

São mudas, presunçosas e abarrotadas de palavras vazias, que não têm som, porquanto estão adstritas às suas paixões, sem que possam alcançar os patamares superiores da vida, transformando-se em estrelas inapagáveis nos céus de outras existências.

Jesus, porém, aguarda-as pacientemente pelos caminhos sombrios por onde seguem, falantes, mas sem palavras de libertação, antes portadoras do verbalismo que escraviza e alucina.

Esses palradores-mudos para as questões espirituais formam verdadeiras multidões sem rumo que um dia encontrarão Jesus, que os libertará das auto-obsessões, das obsessões produzidas por adversários inclementes que os aturdem, das desordens mentais em que estertoram.

Naquele dia, trouxeram-Lhe um mudo que era atenazado por um espírito infeliz, e Ele o libertou!...

Dia virá no qual os mudos-falantes O encontrarão e, depois de curados, passarão a falar sadiamente.

Capítulo 8

Cegos para a Verdade

Mateus, 20:29 a 34.

Jericó era uma cidade encantadora, bordada de flores e de laranjeiras que periodicamente explodiam em festa de perfume, prenunciando a frutescência. Rica em fontes e córregos, situada próximo ao rio Jordão e a Jerusalém, constituía um dos orgulhos da Judeia.

A cidade antiga, hoje reduzida a ruínas calcinadas, data de época mui recuada, quase sete mil anos antes de Cristo, em pleno período neolítico. Destruída inúmeras vezes, teve as suas muralhas sempre reconstruídas, tendo sido palco da lenda, que se tornou clássica, em torno das trombetas de Josué, que a teriam derrubado entre os anos de 1400 a 1260 a.C. Sempre experimentou terríveis flagelos, como ocorreu por volta do século XVII a.C., quando foi incendiada. Abandonada essa área primitiva, foi reconstruída em lugar próximo por Herodes, que a aformoseou, preservando toda a sua grandeza histórica.

Suas belas residências e mansões hospedavam pessoas ricas e cultas, que se permitiam recepções faustosas e festas retumbantes.

Era quase passagem obrigatória entre a Galileia e Jerusalém.

Muitas vezes Jesus a visitara, quando das Suas jornadas à Cidade Santa para o Seu povo. Ali mantivera contatos comovedores, havendo, oportunamente, penetrado o coração e a mente astuta de Zaqueu, o cobrador de impostos, que se tornara detestado pela cupidez e fortuna amealhada, mas que fora tocado pelas notícias que d'Ele ouvira, havendo subido em uma figueira, a fim de vê-lO passar, quando foi convocado a recebê-lO no seu lar...

É em uma estrada de Jerusalém, que conduzia a Jericó, que o Mestre comporá a incomparável Parábola do Bom Samaritano, lecionando bondade sem alarde e amor desinteressado como recursos essenciais para entrar-se no *Reino dos Céus*.

Naquela cidade, portanto, famosa também pelas frutas secas e vinho capitoso, Jesus operou fenômenos incomparáveis, tocando a sensibilidade das massas que O acompanhavam, assim como de todos aqueles que ali residiam e os presenciaram.

❦

Pairava no ar o perfume balsâmico da Natureza em festa, e o Sol dourava os campos ornados pelas flores primaveris. Havia uma festa de sons quase inaudíveis, entoados pelo vento e pelo farfalhar das folhas do arvoredo, enquanto a *taça de luz* derramava claridade por toda parte.

O pó levantava-se, denunciando o movimento dos viajantes que se acercavam das portas da cidade amuralhada, ou que por elas saíam estuantes de beleza.

Formosas figueiras esparramavam suas copas vetustas, projetando sombra agradável no chão coberto de gramíneas verdejantes ornadas por miosótis miúdos e azuis. Tudo formava uma bela moldura para os acontecimentos que se desenhavam em perspectiva de felicidade no momento da saída de Jesus, que estava acompanhado de grande massa de gentes de diferentes aldeias e dali mesmo por onde passara...

Ele estivera em Jericó e deixava os seus domínios.

A algaravia e ansiedade bailavam nos lábios e nos corações de todos aqueles que O acompanhavam, como se desejassem expressar gratidão pelos seus ditos indizíveis.

Foi nesse momento que dois cegos mendicantes, à orla do caminho, ouvindo os aranzéis e exclamações, os cânticos de gratidão e de júbilo, começaram a gritar, pedindo socorro ao Mestre. Eles não conheciam as plumas coloridas do Sol, que derramam claridade e cor na Terra, nem a face das pessoas amadas, nem o verde dos campos ou o multicolorido das flores e dos pássaros, mas eram também filhos de Deus, desejosos de participar do banquete de felicidade em que todos ali em movimento se encontravam.

Faziam tal balbúrdia que foram repreendidos para que se calassem. Como, porém, silenciar o sofrimento, perdendo a única oportunidade de libertar-se dele?!

Somente a necessidade sabe quanto é cruel a dor e quão tormentoso para o invidente constitui seguir pela noite interna, sem contato com a luz do dia.

Aqueles que os repreendiam possuíam visão e estavam disputando-se as moedas de alegria que Ele distribuía. Era natural que também desejassem receber a mesma oferta de felicidade, e não se calaram, antes aumentaram o vozerio, suplicando a piedade do Senhor.

Jesus conhecia aqueles homens inditosos e aflitos. Era o Pastor e se identificava com todas as ovelhas que Lhe pertenciam.

Não fazia muito, libertara paralíticos da imobilidade, surdos da ausência de sons, loucos da perturbação que os estigmatizava, por que não fazer o mesmo com aqueles infelizes? Deteve-se, então, e aproximou-se deles. Todo luz, irradiava misericórdia em cântico silencioso de amor.

Acercando-se dos requerentes de ajuda, interrogou-os:

– *...Que quereis que vos faça?*

Era uma indagação lógica e própria do Seu caráter. Nunca se impunha, jamais exigia. Sempre ouvia o problema no sofredor, antes de ajudá-lo a solucionar. Era o poema de ternura, que nunca perde a docilidade, nem se torna exigente.

E eles responderam, imediatamente:

– *Senhor, que os nossos olhos sejam abertos, permitindo-nos ver a claridade da luz.*

Um silêncio incomum tomou conta da multidão. Jamais se cansariam aqueles indivíduos de ver a ação incomum e de ouvir a mensagem libertadora, que não souberam ou não quiseram utilizar conforme deveriam. No entanto, ali estavam, e isso é o que importava.

O Senhor se aproximou suavemente e tocou-lhes os olhos apagados. Uma onda de inexplicável energia penetrou-os, rompeu-lhes o véu da noite, e a escuridão cedeu lugar à luz que os invadiu, provocando a princípio uma grande dor, logo seguida de inefável alegria... E O seguiram cantando hosanas!

A epopeia da Boa-nova, toda entretecida de lições verbais e de ações profundas de libertação, alcançava o máximo de realizações, a fim de que todos soubessem quem era o Cantor, e qual a canção que entoava, mas nem todos que O acompanhavam podiam entender e abandonar tudo que lhes constituía cárcere e retenção para O seguir depois em liberdade, embora anelassem por ela...

Jericó vira a cura do cego Bartimeu, que Lhe implorara a claridade exterior, mas não se sabe do que lhe aconteceu depois, se mergulhou no oceano das claridades espirituais, ou se tombou nas sombras do prazer e da alucinação.

Zaqueu, também de Jericó, que O recebeu, quando lhe chegou a velhice e se desincumbiu dos deveres familiares, entregou-se-Lhe, tornando-se testemunha d'Ele e narrando à posteridade a felicidade que lhe foi concedida ao tê-lO no lar.

Os dois cegos do caminho recuperaram a visão, mas não se tem notícia de que se houveram embriagado da luz da imortalidade, ou se volveram à treva densa da alma...

❋

O mundo de ontem, qual ocorre com o de hoje, estava dominado pela cegueira interior para as verdades espirituais, por isso os homens e mulheres do passado, perdidos na sombra de si mesmos, retornaram para o grande encontro com a Verdade, que ainda postergavam.

A Mensagem d'Ele volve às Suas criaturas distraídas, que lamentavelmente não têm ouvidos nem interesse para introjetá-la, tornando-a lição de vida atuante.

Iluminados pela Ciência e pela Tecnologia, com arsenais de filosofias e de belezas, centenas de milhões veem, mas são cegos para seguirem pelo caminho de libertação que Ele continua apontando-lhes, por não identificarem que o seu piso é argamassado pelo amor e as suas bordas são construídas pelo perdão e pela caridade, conduzindo à paz.

Veem, sim, mas não enxergam. Têm olhos que brilham, mas que ainda não perceberam a luz do discernimento nem da misericórdia.

Dia virá, no entanto, que repetirá para a Humanidade a cena da Sua saída de Jericó, e os cegos bradarão:

– Senhor, tem misericórdia de nós...

E Ele abrirá os olhos da alma de todos para a renovação e a Vida eterna, no mundo de hoje que faz lembrar a Jericó de ontem.

Capítulo 9

Mãos mirradas

Marcos, 3:1-6.

Enquanto a balada do Evangelho derramava alegrias nas mentes ingênuas e nos corações sofridos das massas, as multidões se acotovelavam e se empurravam para vê-lO, tocá-lO, estarem perto d'Ele.

Todos aqueles que tinham dificuldades e problemas viam em Jesus o Seu libertador e n'Ele depositavam sua confiança, sua ansiedade.

Ele passeava o olhar compassivo e em todos infundia ânimo e esperança, confortando-os com ou sem palavras, mediante a irradiação do Seu psiquismo e da Sua ternura incomparáveis.

Simultaneamente, porém, a noite que predominava nos corações dos opressores e governantes impiedosos, dos dominadores de um dia, dos religiosos presunçosos e ricos de inveja, dos cobiçosos, de todos aqueles que somente desfrutavam de primazias e honras, temendo perdê-las, preparava o caldo de cultura do ódio para infamá-lO, para O pegarem em alguma contradição, cujas armadilhas estabeleciam com cinismo e sofismas bem urdidos.

Mas Jesus os conhecia e se fazia inalcançável às suas tricas farisaicas hediondas e venais.

Aumentava o número daqueles que se beneficiavam com o Seu socorro, e crescia a onda que se propunha afogá-lO nas suas águas torvas e iníquas.

A sinagoga era lugar de orações e recitativos da Lei, de unção, de companheirismo... Mas também de encontros para a sordidez e para vingança, para a sedição e para a perversidade.

Ali se refugiavam o orgulho e a presunção, que a governavam, ditando regras de bom proceder para o povo necessitado. Entre eles, os que se permitiam todos os privilégios tornavam-se conhecidos pelas suas mesquinharias e fraquezas, pelos seus comportamentos vis e perturbadores, que sabiam disfarçar diante daqueles que os ouviam e respeitavam, embora eles não se respeitassem a si mesmos, pois que, se isso ocorresse, impor-se-iam outra conduta moral.

Assim sendo, e sempre que Lhe era possível o fazia, Jesus entrou de novo numa sinagoga. Havia ali um homem que tinha a mão paralisada...

A multidão que ora O seguia já não era somente de galileus e de sírios, mas também de judeus de Jerusalém, de Tiro, de muitas partes, atraída pelo Seu verbo e pela Sua força de libertação.

Lá fora, na paisagem irisada de luz, as anêmonas balouçavam nas hastes frágeis, e violetas miúdas derramavam perfume nos *rios* do vento que O conduzia por toda parte.

A astúcia dos adversários esperava que Ele se propusesse a curar no sábado, a fim de terem motivo para prendê-lO por desacato à Lei, que estabelecia o repouso nesse dia.

O Mestre conhecia-lhes a intimidade dos sentimentos ultores e a vileza moral em que se debatiam. Por isso mesmo, não os temia, antes se compadecia da sua miséria espiritual.

Jesus disse ao homem que tinha a mão mirrada:

— *Levanta-te e vem para o meio.*

Convidar para o centro é dignificar o ser humano que vive atirado na margem, ignorado, desrespeitado e esquecido. Essa é uma forma de restituir a identidade da criatura que merece respeito e carinho.

Ante o espanto natural e a possibilidade de Ele ferir os costumes legais, ouviram-nO interrogar:

— *...É lícito no sábado fazer bem, ou fazer mal? Salvar a vida, ou matar? E eles calaram-se.*

A pusilanimidade deles não corria risco de perdê-los, tomando uma definição. Esses cruéis perseguidores são de sentimentos elevados mortos, quais sonâmbulos com ideias fixas no ódio e na incúria.

Ficar calado é assentir sem comprometer-se, tendo chance de assumir outra posição, aquela que seja mais conveniente.

Passeando à volta de si um olhar sem cólera sobre eles, entristecido pelo endurecimento de seus corações, disse ao homem:

— *...Estende a tua mão. E ele a estendeu, e foi-lhe restituída a sua mão, sã como a outra.*

Nesse episódio, a paranormalidade do Mestre é novamente evidente. Ele tem o poder de restaurar os tecidos, influenciando o campo modelador da forma física, trabalhando nas células com a Sua mente extraordinária.

A mão mirrada é também símbolo que encontra respaldo nas pessoas que nunca abrem o coração para ajudar, dando-lhe movimento de fraternidade. Ela fica mirrada por falta de ação dignificante e operosa, perdendo a finalidade para a qual foi elaborada pelo Pensamento Divino.

O encontro real com Jesus permite que retome a sua forma, tornando-se igual à outra, àquela que não foi atingida pela circunstância punitiva.

Depois de se retirarem – deixando-os boquiabertos e invejosos –, os fariseus deliberaram com os herodianos contra Jesus acerca dos meios de matá-lO.

Os pigmeus morais, impossibilitados de crescer espiritualmente para alcançar os missionários do bem e do amor, arquitetam planos para destruí-los, ignorando que não se aniquilam valores humanos com artimanhas que jamais alcançam a realidade dos seres.

Esses perseguidores são almas mirradas, sem ideais nem nobreza, perdidos no tempo e que naufragaram no egoísmo, debatendo-se nas suas malhas sem conseguir libertação. Pertencem a todos os tempos e caminham ao lado dos construtores da dignidade humana a fim de prová-los, de os submeter ao seu cadinho purificador. Transformam-se em testes de resistência para homens e mulheres que anelam pelo mundo melhor e se doam a essa causa.

São duros de coração, que não se enternece, nem se comove. O órgão vibra e impulsiona o sangue, mas nada tem a ver com a emotividade, com os sentimentos de beleza e de fraternidade. Terminam por tornar-se carcereiros de si mesmos, enjaulando-se nas celas da indiferença que os entorpece e mata.

Jesus os defrontará com mais assiduidade, porém, sem atribuir-lhes qualquer significado ou considerar-lhes a distinção que se permitem, aumentando neles o ódio e a perseguição.

Eles passam, e a vida os esquece, mas não se olvidam de como agiram, de como são e do quanto necessitam para a reedificação.

Há muitas mãos mirradas na sociedade dos dias atuais. Perderam a função superior e estiolaram as fibras que as constituem no jogo apetitoso dos interesses inferiores. Encontram-se no centro dos grupos, experimentam destaque, mas não são atuantes no bem nem na compaixão, para receber aqueles que eles mesmos expulsaram do seu convívio e ficaram na marginalidade.

Agora constituem o grupo dos antigos fariseus e herodianos que sempre as usavam para perseguir e matar. Trouxeram-nas internamente mirradas, embora o exterior seja normal e atraente. Estão imobilizadas no cimento em que se encarceraram, aguardando Jesus para chamá-los ao meio e curá-los.

Capítulo 10

O Grande Restaurador

Mateus, 4:24 e 25; João, 9:2 e 3; Mateus, 11:28.

As palavras que Ele pronunciava emolduravam-se com os atos que Ele realizava. Identificado com Deus, Suas mãos produziam as curas mais diversas, e que nunca haviam acontecido antes.

De todo lugar, portanto, particularmente da Síria, traziam doentes: paralíticos, cegos, surdos, lunáticos, infelizes de todo porte, que chegavam exibindo suas dores mais cruéis e padecimentos sem conforto.

Jesus, tomado de compaixão, atendia-os, ministrando-lhes o bálsamo da misericórdia que escorria pelas mãos e alterava a tecedura orgânica desorganizada, restaurando-lhes a saúde.

Era natural que, à medida que libertava os enfermos das suas mazelas, que eles próprios haviam buscado através da insensatez, da perversidade e do crime, mais necessitados O buscassem com avidez e tormentos. Ele, porém, não atendia a todos quantos se Lhe apresentassem procurando a recuperação orgânica, emocional ou mental. A Sua era uma terapia de profundidade, que sempre convocava o paciente a não voltar a pecar, evitando-se novos comprometimentos tormentosos, para que não acontecesse nada pior. Essa, sim, seria a cura real, a de natureza interior, mediante a transformação moral, em razão de se encontrar no imo do ser a causa do seu padecimento.

Conhecendo que todos os seres procedem de outros caminhos, os mais variados, que foram percorridos pelos multifários renascimentos carnais, cada qual imprime nos tecidos delicados do perispírito os atos que praticaram, fazendo jus às ocorrências de dor e sombra em que se encontravam, assim como das alegrias e da saúde que os visitavam. A criatura é a semeadora, mas também a ceifeira dos próprios atos, que se insculpem nos refolhos do ser, desenhando as futuras experiências humanas no corpo.

Eis por que nem todos os doentes Lhe recebiam a atenção que esperavam encontrar. Não estavam em condições de ser libertados das aflições que engendraram antes para eles próprios, correndo o risco de logo que se encontrassem menos penalizados, corressem na busca de novas inquietações.

A sabedoria de Jesus é inigualável, porque penetra no âmago dos acontecimentos, de onde retira o conhecimento que faculta entender o que sucede com cada qual que O procura.

Aqueles homens e mulheres alienados, de membros paralisados, sem audição nem claridade ocular, procediam de abismos morais em que se atiraram espontaneamente, desde que luz em toda criatura a noção da verdade, do dever e se encontram ínsitos os impulsos do amor e da paz. Não obstante, a teimosia rebelde despreza os sinais de perigo e impõe os caprichos da personalidade inquieta, desejando alterar os impositivos das leis universais a seu benefício, em detrimento das demais pessoas, no que resultam os dramas imediatos e futuros que sempre alcançam os infratores.

Jesus não se permitia alterar os Soberanos Códigos, beneficiando aqueles que se encontravam incursos nos resgates não concluídos, deixando outros ao abandono. A Sua é a justiça ideal, que não privilegia, nem esquece.

Temos a real demonstração no atendimento ao nado-cego. Aquele homem nascera cego e sofria, mas não reclamava. Quando Jesus passou próximo a ele, os amigos interrogaram:

— *Rabi, quem pecou, este ou seus pais, para que nascesse cego?*

Como ele era cego de nascença, não poderia ter pecado na atual existência e igualmente não poderia resgatar dívidas de seus pais, caso fossem pecadores.

Jesus, que lhe penetrara a causalidade da cegueira, redarguiu, sereno:

— *Nem ele pecou nem seus pais; mas foi assim para que se manifestem nele as obras de Deus.*

Tratava-se de um voluntário que se apresentava no ministério de Jesus, a fim de que se pudessem manifestar as obras de Deus, o poder de que se encontrava possuidor o Mestre. E, ato contínuo, curou o homem, utilizando-se de um processo especial, que pudesse impressionar os circunstantes.

A Sua autoridade moral produzia vibrações que afastavam os Espíritos perversos, para os quais o verbo franco e gentil não lograva o êxito que se fazia necessário. Perdidos em si mesmos, conheciam da vida apenas o temor que experimentavam e que infligiam nas suas vítimas. Outros enfermos, no entanto, ao leve contato das Suas mãos recebiam a energia vitalizadora, que restaurava o campo vibratório onde se encontravam as matrizes geradoras das aflições, modificando-lhes as estruturas e reabilitando o equilíbrio.

Dessa forma, era facultado ao endividado recuperar-se moralmente pelo bem que pudesse fazer, pela utilidade de que se tornava portador, auxiliando outras pessoas que dele se acercassem.

❋

A Humanidade ainda padece essas conjunturas aflitivas que merece.

Existem muitos seres humanos que andam, porém são paralíticos para o bem, encontrando-se mutilados morais, dessa maneira sem interesse por movimentara máquina orgânica de que se utilizam para a própria como para a edificação do seu próximo. Caminham, e seus passos os dirigem para as sombras, a que se atiram com entusiasmo e expectativas de prazer, imobilizando-se nas paixões dissolventes que terão de vencer...

Há outros que pensam, mas a alucinação faz parte da sua agenda mental: devaneando no gozo, asfixiando-se nos vapores entorpecentes, longe de qualquer realização enobrecedora. Intoxicados pela ilusão dos sentidos, não conseguem liberar-se das fixações perniciosas que os atraem e os dominam.

...E quantos têm olhos e ouvidos, mas apenas deles se utilizam para os interesses servis a que se entregam, raramente direcionando a visão para o *Alto* e a audição para a mensagem de eterna beleza da vida?

Ainda buscam Jesus nos templos de fé, a que recorrem, uma que outra vez, mantendo a fantasia de merecer privilégios, de desfrutar regalias, sem qualquer compromisso com a realidade ou expectativa ditosa para o amanhã, sem a mórbida inclinação para o vício, para a perversão.

Alguns conseguem encontrá-lO, e se fascinam por breves momentos, logo O abandonando, porque não tiveram a sede de gozo atendida, nem se fizeram capazes de sacrificar a dependência tormentosa a fim de serem livres.

Não são poucos aqueles que se encontram escravizados à infelicidade por simples prazer a que se acostumaram, disputando a alegria de permanecer no pantanal das viciações morais.

Estão na luz do dia e deambulam nas sombras da noite. Possuem razão e discernimento, no entanto os direcionam exclusivamente para os apetites apimentados do insaciável gozo.

Vivem iludidos e se exibem, extravagantes, no palco terrestre, até quando as enfermidades dilaceradoras – de que ninguém se pode evadir – ou a morte os dominam e consomem. Despertam, mais tarde, desiludidos e sem glórias, sem poder, empobrecidos de valores morais, que nunca acumularam.

Jesus é, portanto, o Grande Restaurador, mas cada Espírito tem o dever de permitir-se o trabalho de autorrenovação em favor da própria felicidade.

A Sua voz continua ecoando na acústica das almas:

– *Vinde a mim, e eu vos aliviarei!*

É necessário, porém, ir a Ele...

Capítulo 11

Elegia de amor e vida

Mateus, 13: 24-50.

Ao perscrutar-se o Evangelho de Jesus em qualquer das suas páginas de rutilante beleza, sobressai sempre o canto de inefável alegria e de exaltação da vida, no verbo sublime do Mestre Incomparável.

Naqueles deploráveis dias a estes semelhantes, a aridez dos sentimentos confraternizava com a crueza dos comportamentos e das arbitrárias leis, decantadas umas como divinas e outras como humanas.

Havia prevalência, na cultura vigente, da preocupação imediata e angustiante em favor da sobrevivência de cada um e exclusivamente do seu clã, aventurando-se os excluídos do convívio social nas mais arriscadas arremetidas, sem escrúpulos nem respeito por qualquer código de justiça, que não os havia sequer razoáveis quanto mais de natureza justa.

A existência física dos homens e mulheres valendo menos ou quase o mesmo que uma alimária de carga era relegada ao desprezo, particularmente quando lançada ao baixo calibre social pelo dominante grupamento perverso.

Os aflitos e miseráveis formavam nuvens de necessitados e famintos, de párias desprezíveis que os sofrimentos crucificavam nas duras traves da amargura.

Formavam bandos como alcateias perigosas em luta pela sobrevivência.

Tomar aquilo que lhes era negado constituía-lhes o princípio ético.

A separação hedionda de classes imposta pelas autoridades insensíveis – civis e religiosas – era humilhante, e os contatos humanos faziam-se agressivos e quase impossíveis.

Embora a Lei Antiga estabelecesse socorro aos esfaimados pelo menos uma vez ao ano, quando se deveriam abrir as portas das propriedades para que se fartassem, o preceito foi sendo restringido de tal forma que somente o desdém escarnecedor lhes era oferecido.

Surgiu Jesus naquela grande noite como uma estrela polar e clareou-lhes a alma, em razão da Sua decisão de viver com eles, elegendo, preferencialmente, os enfermos de todos os tipos, a fim de curá-los, de elevá-los a Deus pelo restituir-lhes a dignidade. Para tanto, participou das suas penosas e escuras aflições, sem imiscuir-se, porém, nas suas misérias. Comeu com eles e os estimulou à observância dos valores supremos da vida, que estão além das fórmulas e aparências...

Censurado, discriminado e combatido, continuou buscando-lhes a convivência, em razão de ser o médico e o remédio, a porta de libertação do cárcere moral e a escada de ascensão de que podiam dispor, em vez de distanciar-se, piorando-lhes a situação de hilotas...

Peregrina luz que oscula o pântano, Jesus não se permitiu infectar pelo seu bafio pestilencial.

Qual lótus divino, abriu-se em flor miraculosa, abençoando o charco e drenando-lhe a podridão.

Ele era um Sol que a todos atraía, arrancando-os da escuridão em que fossilizavam...

Mas os soberbos serventuários da crueldade, os fâmulos da hipocrisia, acostumados à postura estudada e vazios de humanidade, não podendo diminuir-Lhe o brilho resplandecente, optaram pela morbidez da censura, essa filha espúria do despeito que os asfixiava.

O Cantor Sublime, porém, em contrapartida, adornava as vidas destruídas, ou quase, com as refulgentes metáforas de sabedoria de que era portador.

As parábolas, em consequência, fluíam da Sua boca semelhantes a notas musicais da sinfonia de eterna beleza.

Naquele período, vivia-se o auge da revolução do amor que atraía as multidões e as arrastava.

Os ventos brandos de uma primavera atemporal levavam a Sua voz por toda parte, diminuindo a sordidez humana e amenizando as angústias superlativas em predomínio na alma sofrida do povo.

O poema das bem-aventuranças alterara a marcha dos acontecimentos sociais, políticos e religiosos para sempre, assinalando um dos momentos magnos da epopeia de vida eterna.

Oportunamente, enquanto cariciosa brisa perpassava pela praia, Ele surgiu e assentou-se na barca de Simão, cravada nas areias de seixos miúdos e negros, destacando-se em silhueta emoldurada de luz que fascinava os súditos do Seu *Reino* em construção na Terra, e, porque muitos interessados se Lhe acercassem, Ele pôs-se a cantar parábolas.

— *...O Reino dos Céus é semelhante ao homem que semeou a boa semente no seu campo; mas dormindo os homens, veio o seu inimigo* *e semeou joio no meio do trigo, e retirou-se. E, quando a erva cresceu e frutificou, apareceu também o joio.*

No silêncio que se houvera feito natural, alguém desarvorado gritou:

– *Rabi, tem piedade de mim, que tenho fome...*

– *...O Reino dos Céus é semelhante ao grão de mostarda, que o homem, pegando nele, semeou no seu campo, o qual é, realmente, a menor de todas as sementes; mas, crescendo, é a maior das hortaliças, e faz-se uma árvore, de sorte que vêm as aves do céu, e se aninham nos seus ramos.*

Dúlcidas emoções embalavam a Natureza em festa de expectativas felizes, quando um outro, ferido pelo desespero, suplicou:

– *Rabi, socorre-me na indigência em que me encontro.*

– *...O Reino dos Céus é semelhante ao fermento, que uma mulher toma e introduz em três medidas de farinha, até que tudo esteja levedado.*

Suave encantamento se apossava, a pouco e pouco, da multidão interessada, quando outrem blasonou:

– *Rabi, se Tu vens em nome de Deus, liberta-nos da miséria que nos enlouquece.*

– *Também o Reino dos Céus é semelhante a um tesouro escondido num campo, que um homem achou e escondeu; e, pelo gozo dele, vai, vende tudo quanto tem, e compra aquele campo.*

A admiração de todos e a surpresa ante os ensinamentos simples, frutos da observação do dia a dia, mantinha-os magnetizados, quando se ouviram gargalhadas estridentes e zombeteiras, clamando:

– *Rabi, não queremos o* Reino do Céu, *mas o da Terra mesmo nos serve...*

Sua voz, nesse momento, atingiu um tom vigoroso, e Ele prosseguiu informando:

– *Outrossim, o Reino dos Céus é semelhante ao homem negociante que busca boas pérolas; e, encontrando uma pérola de grande valor, foi, vendeu tudo quanto tinha, e comprou-a.*

Lufadas perfumadas em brisa do entardecer sopravam, penteando os cabelos do povo e acariciando-lhes a face, quando houve uma movimentação em torno de alguém que estertorou, praguejando:

– *Rabi, não desejamos palavras, mas sim apoio violento para desapear do poder os injustos e exploradores.*

– *Igualmente o Reino dos Céus é semelhante a uma rede lançada ao mar e que apanha toda qualidade de peixes. E, estando cheia, puxam-na para a praia; e, assentando-se, apanham para os cestos os bons; os ruins, porém, lançam fora. Assim será na consumação dos séculos: virão os anjos e separarão os maus de entre os justos, e lançá-los-ão na fornalha de fogo...*

Não houve nenhuma outra interrupção.

A ignorância dos desventurados é o madeiro que os crucifica sem cessar.

Naquele momento o tempo se tornou ilimitado, porque os demarcadores das horas cederam lugar à plenitude...

Os dois mundos em longo litígio haviam-se ali defrontado: o ontem, transitório e infeliz; com o de amanhã, de perene liberdade, naquele instante de iluminação.

As necessidades do corpo que pareciam fundamentais são apenas temporárias, e todos aqueles que as sofriam morreram na sucessão dos dias...

Aqueles que as padeceram, no entanto, renasceram e voltaram a morrer, e ora se encontram de volta ao proscênio terrestre, aguardando as sementes, a pérola, a rede, em saudável despertar com discernimento.

As Suas parábolas permanecem como celeiro referto de esperança e de paz.

Ele continuou, depois daquele dia, cantando uma pletora de parábolas, a fim de que ficassem para sempre, conforme antes jamais acontecera e não mais voltariam a suceder.

O homem sábio planta as sementes do trigo sem temer o joio infeliz, porque o separará no momento da ceifa, sem nenhum prejuízo para a produção.

De igual maneira semeia também as pequenas obras quais se fossem grãos de mostarda, confiando na sua fatalidade de crescimento e de produção, sem qualquer receio, e aguarda o momento feliz de vê-la crescida e transformada em agasalho das aves dos céus.

Também aquele que se utiliza do fermento da verdade e o coloca na sua função de levedar, vê-se abençoado pelo volume da farinha transformada em pão de vida, rejubilando-se com isso.

Encontrando-se um tesouro e guardando-o num solo desconhecido, qualquer ser lutará para amealhar recursos, a fim de adquirir a gleba toda e possuí-lo em intérmina alegria.

Muitas pérolas fascinam e provocam admiração, mas a verdade destaca-se dentre todas e provoca mudança total de conduta até detê-la, enriquecendo-se em definitivo com bênçãos.

A existência humana são redes de pescar que os diligentes trabalhadores devem utilizar com sabedoria e, após reunir todas as experiências delas resultantes, selecionar aquelas que os promovem, enquanto as que perderam o significado sejam deixadas à margem, para reter somente as que produzem felicidade.

Jesus permanece o mesmo Cantor Incomparável daqueles inolvidáveis dias, e a multidão atual, algo desvairada, é a Sua meta nas praias do mundo, convidando-a ao Reino dos Céus.

Capítulo 12

Dois a dois

Lucas, 10:1 a 20.

Amanhecendo a era da esperança e da alegria, a paisagem humana nas praias do Mar da Galileia começou a modificar-se.

Os semblantes, anteriormente carregados de revolta e ressentimento, abriam-se em sorrisos de generosidade e bem-estar, após os incomparáveis contatos com Ele.

A magia do Seu verbo e o encanto da Sua presença acalmavam as ansiedades mais perturbadoras e diluíam os sentimentos inamistosos, sem que se dessem conta aqueles que os sofriam.

As notícias corriam de boca a ouvido e se espalhavam como pólvora incendiada entre os infelizes.

Cada vez chegavam à região os desvalidos e chibatados pelo abandono, aguardando solução para as suas cargas aflitivas, os seus sofrimentos superlativos.

Ele os atendia com ternura incomum, irmão de todos e amigo especial de cada um, dando-lhes a impressão de que viera somente para socorrê-los, a cada qual de maneira coloquial e única.

Essa, porém, não era a finalidade da Sua Mensagem. Usava de misericórdia e de compaixão porque era a única forma de ser seguido nas circunstâncias, tendo em vista a magnitude da proposta que apresentava em parábolas, a fim de não os assustar. Imaturos e sofridos, o importante era-lhes a diminuição das dores e das penas momentâneas, como os apelos do estômago esfaimado, de modo a poderem ouvir o que Ele tinha a lhes dizer.

Porque os ventos gentis da alegria estivessem no ar, era necessário levá-los a outras regiões, além da simplória Galileia.

Ainda não estava consolidado pela confiança e pelo conhecimento o grupo que O deveria seguir e testemunhar-lhe fidelidade quando cada um fosse chamado ao mesmo.

Ele tomou a decisão formosa de multiplicar as vozes e ampliar o círculo da esperança, preparando as veredas humanas que visitaria depois.

O Seu verbo deveria entoar a musicalidade sublime do perdão aos ouvidos moucos dos desesperados ou insensíveis dos poderosos de um dia...

Reuniu alguns daqueles ouvintes mais frequentes e sinceros, deu-lhes instruções e recomendou-lhes prudência durante o período de divulgação.

As ideias devem ser expostas para poderem ser compreendidas ou combatidas. Quanto mais comentadas, mais amplo o curso da sua difusão. O silêncio em torno delas asfixia-as na ignorância dos seus conteúdos.

O mar generoso era assinalado por aldeias e grupamentos, urbes famosas e de alta movimentação, como se fosse um colar de pérolas à sua volta com diferentes modelos presos ao fio de segurança.

Desse modo, depois de elegê-los, reuniu-os em doce aconchego e dispensou-lhes especial atenção, dizendo:

— Grande é, em verdade, a seara, mas os obreiros são poucos; rogai, pois, ao Senhor da seara que envie obreiros para a sua seara.

Houve uma expectação incomum, assinalada pelo entusiasmo dos que se candidatavam a seareiros.

Então, Ele prosseguiu:

— Ide; eis que vos mando como cordeiros ao meio de lobos.

A advertência oportuna dava-lhes dimensão do que iria ocorrer, porque a confiança e o respeito humano haviam cedido lugar à desconfiança e à rapina. Fazia-se necessário apresentar-se desarmados, de modo a conseguirem ser amados.

Logo vieram as recomendações graves:

— Não leveis bolsa, nem alforje, nem alparcas; e a ninguém saudeis pelo caminho.

Desde que estariam a serviço da renúncia e da abnegação, não lhes seria lícito conduzir objetos desnecessários, valores que despertam cobiça e agressão. Despojados, seriam iguais aos visitados, confundindo-se com eles, sem os destaques que chamam a atenção e criam antipatias.

Logo prosseguiu:

— E, em qualquer casa onde entrardes, dizei primeiro: paz seja nesta casa. E, se ali houver algum filho de paz, repousará sobre ele a vossa paz; e, se não, voltará para vós. E ficai na mesma casa, comendo e bebendo do que eles tiverem, pois digno é o obreiro de seu salário. Não andeis de casa em casa. E, em qualquer cidade em que entrardes, e vos receberem, comei do que vos for oferecido.

Estava mantida a ética do comportamento social, o respeito às ocorrências, com simplicidade, sem exigências nem extravagâncias. Eles seriam aceitos ou não pela maneira de se comportarem.

Agora, eram as providências iniciais em favor dos que os receberiam:

— *E curai os enfermos que nela houver, e dizei-lhes: é chegado a vós o Reino de Deus. Mas em qualquer cidade, em que entrardes e vos não receberem, saindo por suas ruas, dizei: até o pó, que da vossa cidade se nos pegou, sacudimos sobre vós. Sabei, contudo, isto, que já o Reino de Deus é chegado a vós.*

A psicologia de Jesus era toda centrada no amor, nada de violência, de imposição dos Seus ensinamentos. Da mesma forma, nenhuma submissão ao mundo perverso e às suas determinações. A independência moral fazia parte do seu programa, porque somente aqueles que são livres podem comentar a bênção da liberdade.

Seguindo as circunstâncias, Ele passou a explicar os perigos para as cidades e pessoas que desprezassem o convite, optando pela ilusão que, às vezes, sobrepõe-se à realidade.

As pequenas pérolas às margens do mar galileu – Corazim e Betsaida – estavam recebendo o anúncio do mundo melhor, mas também Cafarnaum, Magdala, Dalmanuta seriam bafejadas pela notícia revolucionária.

Também Tiro, Sídon e outras distantes, igualmente Jericó das águas cantantes e cristalinas seriam convidadas ao banquete com a opção de o aceitarem ou não.

Logo depois, as referências finais:

— *Quem vos ouve a vós, a mim me ouve; e quem vos rejeita a vós, a mim me rejeita; e quem a mim me rejeita, rejeita Aquele que me enviou.*

Partiram os mensageiros e visitaram os recantos da região assinalada e de outras, vivendo o ensinamento que transmitiam, amparando-se reciprocamente, por isso, os mandara, dois a dois, para que a solidão não se transformasse em desespero em cada coração.

Transcorreram os dias justos e propostos, quando eles retornaram em inusitado júbilo.

O verdadeiro regozijo não se deve apoiar nas vitórias sobre os outros, sejam espíritos ou criaturas, mas na superação das próprias imperfeições, na consciência íntegra, decorrente do dever nobremente cumprido.

Ele os mandou, dois a dois, para anunciar o Seu *Reino* que se estava instalando no mundo.

– *...Alegrai-vos antes por estarem os vossos nomes escritos nos Céus.*

Capítulo 13

Despertar tardio

Como seria inevitável, o escândalo explodiu na comunidade curiosa e perversa, após o jantar faustoso na vivenda famosa.

Simão, o Fariseu, desejara exibir-se ao receber Jesus no seu lar, entre os seus amigos, de forma que O pudesse examinar com argúcia e ferocidade disfarçadas de gentileza e respeito.

Uma refeição facultava maior intimidade entre o anfitrião e o convidado.

Ninguém poderia esperar que Jesus lhe aceitasse a invitação, porque sempre invectivava contra a ostentação e o luxo, a hipocrisia e a aparência de superioridade daqueles abutres de Israel.

Embora Simão o soubesse, arriscou-se, na tentativa de tê-lO sob o seu teto, e, para surpresa geral, Jesus aquiesceu em jantar com ele e os seus corifeus.

A sua preocupação era com a aparência, com os preceitos da Lei, com as vestes impecavelmente limpas, embora a podridão interior que a muitos assinalava.

Assim mesmo, necessitava de tê-lO perto, no convívio dos seus amigos igualmente ricos e insensatos.

Aquele desfecho terrível, em face da invasão da sua propriedade pela mulher vulgar, fora além dos limites do convencional.

Simão a humilhara com o olhar de reproche e de indignação. No entanto, a atrevida enfrentou-o, desafiadoramente, porque o sabia também seu cliente no silêncio da noite, quando lhe buscava a perversão...

Por isso, ele voltara-se contra o convidado, que poderia ter revertido a situação, negando-se à oferta estranha do bálsamo com que Lhe lavava os pés.

Antes, pelo contrário, Ele o constrangeu com a interrogação, que era uma armadilha, a respeito dos dois devedores que foram perdoados pelo seu senhor, atirando-o ao ridículo...

O seu ressentimento contra Jesus fora expressivo, a partir de então, prolongando-se cada vez mais feroz através dos tempos.

Dele se utilizou, muitas vezes, para provocar reações inamistosas de referência ao Seu ministério.

As marcas do tempo aprofundaram-lhe o rancor, e ele exultou de contentamento quando soube, mais tarde, da Sua crucificação...

A verdade é que nunca O esquecera.

Aquela mulher recuperada pelo amor, no entanto, seguiu-O por onde quer que Ele fosse, alimentando a alma com o Seu verbo de paz, transformando-se para sempre.

O amor, em forma do perdão que recebera, tornou-se-lhe a razão da existência, e mais tarde ela dignificou-se, entregando a existência aos hansenianos.

Simão, no entanto, que vivia intoxicado pela presunção da classe social em que se movimentava, lentamente passou a experimentar peculiar melancolia.

As festas, a ostentação, o orgulho exacerbado já não o faziam sorrir, e quando aparentava alegria no grupo social, apenas aparentava.

Algo profundo aconteceu-lhe no íntimo depois daquele jantar.

Os haveres amoedados, frutos da rapina e do excruciamento de muitas vítimas, que antes preenchiam as suas horas vazias de ideais, perderam o significado. Estranha falta de motivação, até mesmo para viver, passou a atormentá-lo, devorando-lhe as carnes da alma.

Sua mulher, em cujo afeto se renovava, enfermou durante um longo período até ser arrebatada pelo anjo da morte, e os filhos adultos solicitaram-lhe a herança a que tinham direito legal, transferindo-se para a capital do Império a fim de libertar-se do estigma farisaico, dominador, mas detestado.

Os anos, no seu inexorável suceder, dobraram-se uns sobre os outros, e Simão acompanhou aturdido o renascimento da Doutrina do Homem crucificado, quando o rabino Saulo de Tarso, honra e glória da raça, expulso do Sinédrio, da família e do círculo dos amigos, pôs-se a divulgá-lO com o seu verbo de fogo.

Simão sentia viva a ferida do ressentimento no coração. Nada obstante, recordava-se, vez que outra, do jantar e da resposta que lhe dera à pergunta: qual deles o amará mais?

– *...Tenho para mim que é aquele a quem mais perdooudoou...*[10]

O perdão, sem dúvida, é medido pela qualidade do esforço e pelo empenho do infrator na própria recuperação.

❊

---

[10] Lucas, 7: 42 e 43 (nota da autora espiritual).

O antigo fariseu com o tempo emurcheceu como as uvas maduras que se ressecam à medida que envelhecem.

O vinho que antes produziam, saboroso e especial, transforma-se em vinagre desagradável e ácido.

Simão continuava prestigiado pelos seus pares, temido pelo povo, solitário na sua velhice dourada.

No ano 70, após o cerco implacável a Jerusalém por Tito, o jovem filho do imperador Vespasiano, que tombou sob o horror das legiões, dando lugar à diáspora, também se assinalou pelas tragédias da crueldade dos vencedores sobre os inditosos vencidos.

Fariseus, sacerdotes, saduceus e o povo que tentou resistir atrás das muralhas da cidade foram aprisionados pelos romanos, e o jovem conquistador decretou-lhes, quase insano, a pena de morte pela crucificação em que eram exímios os romanos.

Começou, naquela ocasião, o resgate coletivo do povo eleito que matara os profetas e assassinara o Excelente Filho de Deus.

Reduzidos a miseráveis, os orgulhosos representantes da raça, nas enxovias dos cárceres imundos, eram tratados com extrema crueldade, conforme sempre o fizeram com os seus próprios irmãos.

Inutilmente clamavam pela proteção de Deus, daquele deus dos exércitos que afirmavam lutar ao seu lado, sem que tivessem lenidas as aflições ou diminuídas as expectativas do assassinato em massa.

Numa tarde escaldante, nos arredores da cidade, Simão, o Fariseu, foi também erguido na cruz e repassou, mentalmente, toda a trajetória existencial entre estertores e aflições sem-nome.

Foi nesse ápice que se arrependeu da atitude mantida em relação a Jesus, desejando amá-lO, a fim de que, também, à semelhança da mulher infeliz, fosse perdoado...

Era noite quando Simão, exangue e transtornado pelas dores extremas, rendeu o Espírito, a fim de recomeçar mais tarde, muito mais tarde, noutro corpo, noutra época, por ocasião da Era Nova, a própria redenção.

Capítulo 14

A corte de Jesus

Os reis, os príncipes e os mandatários do mundo cercam-se de uma corte constituída de súditos que pensam e agem conforme eles, encarregados de atender-lhes a vontade, de livrá-los de problemas e resguardá-los de quaisquer dificuldades.

Caracterizam-se uns pela bajulação dourada, outros pela severidade e indiferença no trato com as demais pessoas, mais outros, ainda, pela soberba e prepotência dos seus temperamentos. Alguns são frívolos e exploradores, outros são dedicados e cuidadosos, diversos são ignorantes guindados ao poder pela astúcia e habilidade nos negócios que lhes dizem respeito.

Cercados por esses conselheiros e ministros, os poderosos invariavelmente amolentam o caráter, perdem a sensibilidade afetiva, acreditam-se invulneráveis e, estupidamente, pensam que tudo podem, colocando-se acima das leis e da justiça.

Por mais que se demorem guindados ao poder, no entanto, as enfermidades se lhes instalam, o organismo se debilita, e, quando são afastados da governança por muitos daqueles que lhes foram beneficiários, são surpreendidos pela morte...

A fatalidade biológica a ninguém concede regime de exceção.

...E consomem-se, algumas vezes, em largo período de degenerescência orgânica, como sói acontecer com todos os seres vivos que se confundem no portal de cinza e de lama da sepultura...

❁

Sendo Jesus o Rei solar, por ocasião do seu mergulho nos fluidos grosseiros do orbe terrestre, também se fez acolitar por anjos e por serafins, por apóstolos do bem e da misericórdia que Lhe prepararam a senda a percorrer, havendo habitado a Terra anteriormente para aplainar-Lhe as estradas, ou permaneceram nos *Círculos da Luz* contribuindo com a Sua vontade soberana, quando da instalação do *Reino de Deus* nas mentes e nos corações humanos.

De igual maneira, expressivo número de Espíritos em processo de redenção das provas a que se encontravam submetidos oferecera-se para testemunhar-Lhe a grandeza, vestidos por organismos doentes, sob ações de indigitadas Entidades, de modo a servirem-Lhe de voluntários para as curas, sem violência à Lei de Causa e Efeito.

Tal o caso do invidente sobre quem os Seus discípulos perguntaram:

– Rabi, quem pecou, este ou seus pais, para que nascesse cego?

Jesus respondeu: *– Nem ele pecou nem seus pais; mas foi assim para que se manifestem nele as obras de Deus.*[11]

Tratava-se de um voluntário pertencente à Sua egrégia corte.

Muitas vezes, diante dos sofrimentos humanos, Jesus elegia alguém destituído de débitos pesados ante as Divinas Leis, a fim de demonstrar o Seu poder e instalar a confiança entre os desesperados.

---
[11] João, 9:2 e 3.

A ressurreição de Lázaro, a da filha de Jairo, a do filho da viúva de Naim, considerados mortos, no entanto adormecidos no fenômeno orgânico da catalepsia, são exemplos eloquentes.

Todos eram membros dedicados da Sua corte.

Terminadas as lições imortais das bem-aventuranças no inolvidável entardecer daquele dia, quando se espalhara sobre a Terra a psicosfera de amor que deveria diluir os envenenamentos mentais que pairavam no ar, desceu Jesus às praias do mundo onde se encontram os infelizes e defraudados, a fim de atender as suas angústias.

E, ao fazê-lo, acompanharam-nO grandes multidões, conforme anotou Mateus nas suas memórias.

Quando alguém experimenta a bênção da luz, não mais aceita a escuridão. Ele fez-se a luz do mundo, para que não retornassem as sombras.

Na montanha, a Natureza é mais rica de beleza e de harmonia, a visão do horizonte faz-se deslumbrante e arrebatadora. Nas praias ou planícies misturam-se o tumulto às necessidades, às aflições, em patéticas de desespero.

Jesus sempre descia às misérias humanas, a fim de diminuí-las com o Seu inefável amor.

Desse modo, logo se encontrou na savana das necessidades imediatas das criaturas sofredoras, acercou-se-Lhe um leproso, suplicando-Lhe:

– ...*Senhor, se quiseres, podes tornar-me limpo.* [12]

Era uma dolorosa melopeia.

Ele, que estivera com Deus na montanha, agora convivia com os esquecidos filhos de Deus no vale.

---

[12] Mateus, 8: 1 a 4; 14 a 16, vide o nosso *Há flores no caminho*, capítulo 1, editado pela LEAL (nota da autora espiritual).

As paisagens emocionais e espirituais eram diferentes.

Tomado de compaixão, Ele respondeu:

— *Quero; sê limpo!* — enquanto lhe estendeu a mão e o tocou. No mesmo instante ficou limpo de sua lepra...

O toque de Jesus revigorava pelo penetrar da Sua energia na maquinaria orgânica desorganizada, produzindo uma aceleração das moléculas do paciente, produzindo-lhe a harmonia.

Agora seriam as curas do corpo, em razão da sublime terapia que fora apresentada às almas, para que não mais enfermassem caso Lhe seguissem as diretrizes.

Em Cafarnaum, a encantadora cidade próspera à margem do mar piscoso, Ele adentrou-se na casa de Pedro, encontrando-lhe a sogra enferma, febril.

Misericordioso, tocou-lhe a mão, e a febre desapareceu, permitindo que ela se erguesse do leito e O servisse.

O Seu toque abençoado, rico de saúde e amor, proporcionava a transferência dos fluidos recuperadores do equilíbrio orgânico, impondo-se ante a debilidade e os vírus destrutivos.

A partir dali, a notícia que se espraiou pela boca do vento por toda a região, atraiu a massa volumosa dos enfermos.

A Sua presença desconcertava também os espíritos perversos que se homiziavam nas sombras dos sepulcros para atenazar as criaturas distraídas e presunçosas. Temiam-nO, respeitando-O de maneira especial.

Aqueles eram dias realmente luminosos e únicos, embora anunciados, não poderiam ser concebidos em face da sua grandiosidade.

O Seu ministério fora programado muitos séculos antes.

Mensageiros nobres surgiram como estrelas fulgurantes através dos tempos, sinalizando a Terra com alicerces de luz, a fim de que ficassem estabelecidas as primeiras bases da futura construção do Reino de Amor e de Justiça.

É certo que ainda não se cumpriram aquelas extraordinárias promessas, em razão do processo de evolução do ser humano; todavia, a presença psíquica de Jesus ficou no planeta, não como o mártir da cruz, mas como o inexcedível amor feito de misericórdia e de compaixão.

A tragédia da cruz, que tanto comove, em razão do estoicismo do assassinado, prolonga-se na história da Humanidade em razão da indiferença daqueles que Lhe são amados e ainda preferem Mâmon e a ilusão ao Seu convívio.

Capítulo 15

Corpo e sangue

A herança perversa da ancestralidade evolutiva pela qual o princípio inteligente transformou-se em Espírito, ao longo dos milhares de séculos, tornou-se-lhe marca poderosa nos recessos do ser, que ainda sofre as injunções do primarismo em detrimento das sublimes possibilidades da espiritualização.

As fixações do instinto, lentamente diluídas pelas claridades da razão, vêm trabalhando os metais dos impulsos automatistas, de modo que as dúlcidas vibrações do sentimento amparado na lógica e na razão propiciem a compreensão das novas possibilidades de crescimento interior.

As conquistas logradas, se examinadas de maneira retrospectiva, apresentam o imenso pego já realizado, nada obstante, muitos outros audaciosos esforços ainda devem ser envidados, de modo que melhor se capacite para as inenarráveis conquistas do porvir.

A pedra bruta empurrada pela correnteza arredonda-se ao longo dos milênios, tornando-se dócil ao curso da água que a conduz.

O Espírito amolda-se aos objetivos das Divinas Leis mediante os impositivos das sucessivas existências no curso da evolução.

Certamente não se trata de um empreendimento fácil, no entanto nada é simples quando se trata dos valores imperecíveis que devem ser conquistados e vivenciados na sua plenitude.

Da ignorância para o conhecimento, do primarismo para o discernimento, da caverna para a comunidade social edificante, vem o Espírito superando os desafios que fazem parte do seu desenvolvimento.

Tela manchada de sombras, aguardando a aquarela de luz que componha a paisagem de harmonia em que se deve transformar, depura-se, a pouco e pouco, incessantemente, enquanto novos contornos e conjuntos surgem do caos...

Tem sido assim em toda a sua trajetória através dos milênios, especialmente os mais recentes, considerando-se a conscientização que, lentamente, se lhe assoma à consciência e passa a comandar os seus atos.

Do antigo báratro à ordem, dos desajustes e transtornos ao equilíbrio e à harmonia, muitos exitosos tentames foram logrados.

Agora está diante da inadiável decisão de superar toda a sombra interior, a fim de que brilhe a luz da verdade no cerne do ser.

Dispondo dos imprescindíveis recursos para a ação libertadora, ainda sofre o cerco dos hábitos doentios, as incertezas defluentes da comodidade no vício, os receios de romper com o passado e avançar sem ter definido o alvo a conquistar.

Certamente, todas essas questões estão esclarecidas no Evangelho de Jesus, cujas diretrizes não deixam margem a qualquer tipo de insegurança ou dúvida.

Quem teme as alturas nunca se atreverá a sair das furnas onde se homizia, justificando fotofobia...

É inadiável avançar, romper o casulo retentivo para poder voar, deixar-se conduzir pelas brisas suaves da felicidade que convidam à libertação.

Enquanto permanecerem os temores injustificáveis, os interesses mesquinhos, a oportunidade da plenitude se transfere para mais tarde, mais além...

❁

Chegavam os momentos definidores da Boa-nova.

Para esse fim Ele viera e tentara preparar os Seus da melhor forma possível.

Servira-lhes de bastão de segurança nas horas de tibieza moral e de desfalecimento.

Alimentara-os de vida abundante em todos os momentos.

Demonstrara a Sua intimidade com Deus.

Ensinara pelo exemplo, superando os padrões estabelecidos.

Enfrentara os labirintos do coração e os porões sombrios dos seres humanos com a mesma altivez e coragem.

Convivera com todos os tipos existentes na Sua terra, sem demonstrar preferência por uns em detrimento de outros...

É certo que os elegera, porque eles estavam comprometidos com a Mensagem desde antes do berço.

Para isso também vieram, foram preparados, receberam apoio, foram amados como poucos.

As horas da verdade chegavam inapeláveis.

❁

Eram os dias da Páscoa, das festas que se vestiriam de tragédia.

Ninguém poderia imaginar o desfecho da saga espetacular.

Somente Ele o sabia.

❁

A mesa posta e todos à sua volta.

A sublime lição de humildade, lavando-lhes os pés, fora executada com grave elevação, em profundo silêncio.

— ...*Tomou Jesus pão e, abençoando-o, partiu-o e deu-lho, e disse: tomai, comei, isto é o meu corpo. E, tomando o cálice, e dando graças, deu-lho; e todos beberam dele.*[13]

Era necessário comerem o Seu corpo e beberem o Seu sangue. O corpo é a mensagem libertadora, que alimenta para sempre, que resiste ao tempo e nutre.

Ninguém vive sem alimento, especialmente o da verdade.

Ninguém vive sem estímulo, particularmente o da vida.

E o Seu sangue é a força vigorosa da esperança e da alegria de viver.

Naquela despedida, Ele doava-se em totalidade para que todos pudessem viver totalmente.

O amor d'Ele se tornava nutrição, a fim de que nunca lhes faltassem força nem vigor.

Tudo quanto viesse a acontecer, conforme sucedeu, não poderia constituir motivo de receio, antes de vinculação, porquanto Ele estaria psiquicamente em cada um e em todos eles.

Sem essa vinculação, não haveria prosseguimento.

---

[13] Marcos, 14:22 a 25 (nota da autora espiritual).

É necessário que ocorra a morte, a fim de que suceda a ressurreição.

Se Ele não partisse, o Consolador não viria no seu momento, conforme aconteceu quando, em plena noite do ateísmo e do cinismo, os túmulos se arrebentaram, e as vozes silenciosas, que nunca deixaram de cantar a imortalidade, trouxeram o hino vigoroso da sobrevivência, facultando a convivência dos ditos mortos com os chamados vivos.

Corpo e sangue! O corpo é o pão de vida, e o sangue é o vinho nutriente da coragem para a vida.

Não provareis antes do vinho da videira!

O ser humano já se encontra em condições de superar os atavismos fortes do passado remoto, para tornar-se homem novo e avançar com Jesus.

Capítulo 16

Sementes de vida eterna

As parábolas constituem, ainda hoje, um dos métodos mais eficientes nas construções psicopedagógicas que objetivam a edificação de homens e mulheres saudáveis.

Elaboradas de maneira encantadora, muito próximo da realidade do cotidiano, a ponto de gerarem dúvidas se as suas narrações são verdadeiras ou concebidas, em todas as épocas preservaram as lições inigualáveis de Jesus.

Os sábios do mundo, cujo modelo é o Mestre, são silenciosos, somente falam quando necessário, com palavras exatas, portadoras de significados profundos. Os tolos falam demasiadamente, abordando o que não sabem e fingem conhecer, perdendo-se no labirinto da própria ignorância.

Jesus conhecia os Seus seguidores, penetrava-lhes os conflitos, trabalhava em silêncio a sua transformação, modelava-os com paciência, a fim de que se equipassem dos instrumentos valiosos para o ministério que lhes estava reservado.

Enfrentando, no entanto, auditórios díspares, multidões constituídas de grupos diferentes de cultura e de vivência, conseguia ser ouvido, porque sabia ministrar sensibilidade e sabedoria com destreza e habilidade raras. Aos seus conselhos valiosos Ele adicionava as narrativas que elaborava, utilizando-se das imagens do dia a dia de todos, de forma que as informações jamais fossem esquecidas.

Psicólogo especial, sabia como alcançar as áreas sombrias da personalidade dos Seus ouvintes e aplicar-lhes a terapia conveniente sem alarde, permitindo-se majestoso silêncio após os instantes de maravilhas, quando se refugiava na oração, no afastamento dos grupos estúrdios e bulhentos, a fim de estar sempre em comunhão com Deus.

Porque o movimento que administrava apresentasse os desafios esperados, e as indagações fossem muitas e de toda ordem, num maravilhoso momento de entusiasmo dos companheiros, narrou a profunda Parábola do Semeador.[14]

Tratava-se da experiência de um homem dedicado ao cultivo do solo que se pôs a semear. Porque a área fosse muito grande, ele atirou as sementes que caíram nos mais diversos sítios, como a beira do caminho, os lugares pedregosos, entre espinhos e em boa terra...

De acordo com o local, as sementes enfrentaram as circunstâncias e padeceram as consequências naturais, culminando pela produção daquelas que encontraram solo fértil e se reproduziram uma em cem, outra em sessenta, outra mais em trinta grãos, compensando a aplicação de todas, especialmente daquelas que se perderam.

Em toda ensementação há sempre o risco do prejuízo em relação àquelas que são atiradas a esmo e não encontram os recursos hábeis para a germinação ou, mesmo depois de germinadas, não conseguem produzir. Nada obstante, a compensação vem por meio daquelas que encontram solo bom e generoso, produzindo

---

[14] Mateus, 13: 3 a 8 (nota da autora espiritual).

em quantidade tão expressiva que enriquece aquele que ali as colocou no solo.

Na maravilhosa parábola detectam-se quatro tipos de solos, que podem ser muito bem a representação das criaturas humanas.

Pessoas existem que ouvem falar das bênçãos do Evangelho e até mesmo interessam-se por recebê-las; no entanto, quando chegam os momentos de definição de rumo, de aplicação do tempo, porque as sementes se encontram à beira do caminho, na superfície, são comidas pelas aves dos céus, desaparecem vencidas pelos abutres dos vícios e os corvos da insensatez.

Desejam tudo, sem investir nada. Acostumadas às questões eminentemente materiais, somente se preocupam em preservar aquilo que lhes atende à avareza, ao egoísmo, aos interesses imediatistas.

São convenientes e falsamente afetuosas desde que possam usufruir o máximo, como se a finalidade da existência se transformasse num jogo de prazer e de ter, sem melhores significados. São solos áridos, à margem dos caminhos por onde outros passam também indiferentes. São inóspitas e vivem solitárias nas suas angústias e ansiedades maldisfarçadas.

Outras se caracterizam pela rudeza, pela maneira grosseira com que se comportam, recordando solos pedregosos, desafiadores. Mesmo quando se lhes cuida, parecem impermeáveis, como se não possuíssem áreas vulneráveis para uma reforma interior, para a modificação de estrutura interna, sempre armadas contra tudo e todos. Às vezes, o bem desenha alguma esperança, mas os sentimentos patológicos ardem como o sol que cresta as possibilidades e, mesmo quando algo encontra guarida nas aspirações, não suporta o calor da agressividade e a falta do adubo da ternura e do amor para sobreviver, deixam que morra à míngua da água da misericórdia...

À semelhança das anteriores, podem encontrar-se grandes grupos de almas angustiadas, assinaladas pelos espinhos do desconforto moral em que vivem, acolhendo o mau humor e tentando brechas para a autorrenovação. Quando se pensa, porém, que houve a transformação moral e espiritual para melhor, as emoções perversas tomam conta da plantação da ternura e da bondade, asfixiando-a, crestando-a de forma implacável.

Nada obstante, também existem as pessoas que se encontram preparadas para a ensementação do Evangelho, para a vivência do bem, faltando somente que alguém lhes alcance as paisagens emocionais e, logo que recebem a dádiva do grão que irá fertilizar-lhes o Espírito, deixam-se dominar pelas alegrias, propiciando todos os recursos hábeis para que haja resultados opimos. Sacrificam-se em favor da oportunidade que lhes é reservada, dedicando-se com abnegação ao mister de preservar e de produzir o bem que se lhes insculpiu na alma.

São afetuosas e ricas de alegrias, transparentes e gentis, melhoradas com a dádiva da presença de Jesus em suas vidas, assim tornando-se mensageiras vivas da mensagem de libertação e de Vida eterna.

Produzem no bem, entregam-se ao apostolado do amor, vivem em função das bênçãos de que se fizeram objeto, transformando-se em pão de vida no celeiro fecundo da existência terrena.

Tornam-se apóstolos do amor e missionários da esperança, abrindo caminhos em matagais, para que se instalem as edificações do Reino de Deus, e nunca desfaleçam, haja o calor das rudes batalhas, o inverno cruel da indiferença dos outros, porque entendem o significado do Mestre em suas vidas.

O Semeador Divino prossegue, portanto, atirando sementes em todas as direções, sem preocupar-se com o resultado imediato do trabalho, que será coroado de êxito no momento quando as sementes que caíram no solo ubérrimo, na terra boa, reproduzam-se de maneira eficiente e vantajosa.

Ante essa oportuna parábola, cabe aos verdadeiros discípulos de Jesus na atualidade, como em todos os tempos, proceder a uma análise, a fim de verificarem qual o tipo de solo que são, o que necessitam fazer para transformar-se sempre para melhor, até alcançarem o patamar de terra boa e generosa.

...Eis que o semeador saiu a semear.

E as sementes caíram...

Capítulo 17

As dubiedades de Pedro

Simão Pedro nascera na encantadora Cafarnaum, onde continuou residindo.

Descendente de pescadores, nunca aspirara a outra profissão, exceto aquela que exerceram os seus antepassados.

Na paisagem bucólica da sua terra, na qual o mar desempenhava um papel de suma importância, pois que era a fonte de vida, de alimentação, de trabalho, de convivência com os demais, desenvolveu a sua personalidade assinalada pelas injunções da época e do local.

Não se permitia as discussões em voga: a política arbitrária e insana dos romanos e da Casa de Herodes, nem a religião que administrava a conduta espiritual do povo, sediada no Sinédrio.

Homem simples, desacostumado aos atavios da convivência social de alto nível, na qual a dissimulação e o engodo fazem parte dos relacionamentos, era portador de temperamento altivo, fruto da independência pessoal que adquirira no pesado labor a que se entregava.

Homem do mar, as suas conversações versavam sobre as marés, o clima e as tempestades, as redes e os barcos, a pesca...

Era transparente e sincero, detestando os artifícios com que as criaturas se escondem a fim de cometerem os crimes e se manterem respeitáveis.

Não era um discutidor, porque lograra certo respeito entre os colegas, tornando-se proprietário do barco de boas proporções que lhe oferecia os recursos hábeis para o trabalho diário...

Formado o caráter, tinha as suas próprias ideias, evitando envolver-se nos debates vigorosos que faziam parte do quotidiano de todos.

Era austero, embora entendesse pouco dos princípios da Ética e da Moral.

Vez que outra frequentava a sinagoga, mais por hábito do que por convicção. Os discursos dos escribas e fariseus, porque destituídos de sensibilidade e de fé verdadeira, não encontravam ressonância na acústica dos seus sentimentos, como, aliás, acontecia com a maioria dos ouvintes. Respeitando-os, mais pelo receio de envolver-se nas suas tricas do que pelo significado espiritual que diziam carregar, vivia a rotina religiosa a que se entrega a maioria dos crentes de todos os tempos.

Em defesa dos seus interesses, era agressivo, linguagem conhecida e respeitada pelos desonestos e exploradores, única, aliás, que os faz recuar.

Precipitado, muitas vezes, em concluir antes de reflexionar, acostumou-se à intemperança, reagindo, quase sempre, antes de agir...

Cumpria os seus deveres com retidão e mantinha sua palavra, considerando-a representativa do seu caráter.

Embora fosse casado, não teve filhos, mantendo no lar a sogra já envelhecida, a quem respeitava e por quem tinha afeição.

Não possuía outras características que produzem o destaque do cidadão na comunidade, podendo passar despercebido na multidão...

É estranhável, desse modo, que haja sido convidado por Jesus para uma atividade de envergadura adimensional e que possuísse condições para executá-la. Mas disso, ele não teve consciência de imediato, só muito mais tarde, após ser trabalhado pelo fogo do sofrimento e moldado pelas mãos dedicadas do Arquiteto de vidas...

Jesus elegera-o com o carinho de escultor hábil e paciente.

Embora ele não se recordasse, Jesus conhecia-o, desde há muito, e por isso o amava.

O Mestre mantinha grande ternura pelos Seus discípulos e deles cuidava como se lhes fosse mãe dedicada em um momento ou pai rigoroso em outro, neles esculpindo os valores que os deveriam modificar a ponto de transformarem-se em pescadores de almas...

O fascínio que o Amigo exerceu sobre a sua personalidade desde o primeiro momento foi inigualável.

Sem dar-se conta, amou-O como dificilmente amara outra pessoa, e prometeu-se, mesmo sem consciência do que acontecia, ser-Lhe fiel até o fim dos seus dias.

Abriu-Lhe o lar, a fim de que se transformasse na sede física do Movimento que Ele desencadeava, tornando-se apontado e conhecido na sua comunidade pelo destaque com que era tratado pelo Mestre.

Observava o comportamento d'Ele com ingenuidade quase infantil, embora não o compreendesse. Ele sabia, nos arcanos da memória, quem era Ele, mas estava no mundo que elege os seus heróis pela astúcia da conduta, pela agressividade, pela maneira como se impõe diante dos demais.

Jesus era-lhe, em muitas ocasiões, uma incógnita.

Quando deslumbrava as massas com os fenômenos que produzia, em vez de aproveitar o entusiasmo reinante, desaparecia e mergulhava no silêncio, na solidão. Quando todos desejavam estar com Ele, surpreendentemente Ele se transferia de lugar...

Preferia os infelizes com os quais convivia desabridamente, gerando conflitos nos zelotas, nos fariseus, nos escribas, nas autoridades.

Nunca desobedeceu às leis, mas respeitava e vivia aquelas que vinham do Pai, assinaladas pelo amor e pela misericórdia, jamais pela prepotência e pela crueldade.

Atendia com a mesma efusão ricos e pobres, eleitos e desprezados, aceitando o convívio de meretrizes e de homens desclassificados, de leprosos detestados e de irresponsáveis, cuja conduta era condenável... Normalmente, a súcia se homiziava nas tascas e lugares desprezíveis que Ele visitava...

Não se contradizia, no entanto, embora informasse que viera para que todos tivessem oportunidade de conhecê-lO e de amá-lO.

Falava com a mesma brandura ao adulto e à criança, ao adolescente e ao ancião, não os diferenciando senão pelo conteúdo da mensagem.

Era manso de coração e de palavras, cordial em todos os momentos, jovial e sábio, sempre ensinando, até mesmo quando não dizia nada...

Em razão dessa forma de ser, ele, o ignorante, não poucas vezes, tomara-lhe a palavra, respondera por Ele ao ser interrogado e permanecer calado, como na lição dos impostos, quando Lhe foi perguntado se os pagava...

Naquela ocasião recebeu uma resposta grave, definidora de quem Ele era, ao pedir-lhe que atirasse o anzol às águas e pescasse um peixe que teria uma moeda para que o imposto fosse regularizado, conforme aconteceu, deslumbrando-o ainda mais.

Poucas vezes vira o Mentor irritar-se com as pessoas, e sempre, porém, que isso aconteceu foi no enfrentamento com os hediondos perseguidores gratuitos, os vampiros que sugavam o sangue do povo infeliz, designando-os por sepulcros caiados por fora e mantendo internas podridões, por hipócritas e fingidos, sem os odiar, porém, conforme eles mereciam.

Usara as palavras fortes sem raiva nem rancor, mais como educador que desmascara a farsa do que revoltado que humilha...

Com Ele aprendera a servir àqueles que o buscavam, tornando-se mais cauto e gentil.

A pedra bruta que era foi lapidada e permitiu que o brilho interior se exteriorizasse.

Embora houvesse precipitadamente prometido acompanhá-lO até o momento final, ouviu a triste sentença por Ele proferida de que O negaria três vezes antes que o galo cantasse, conforme infelizmente sucedeu...

Mas, arrependendo-se amargamente da covardia que o dominou na terrível noite da infeliz Jerusalém, ergueu-se da defecção e foi-Lhe fiel até o fim.

Em Sua memória ergueu o lar dos desesperados na estrada entre Jerusalém e Jope, albergou todos os infelizes que o buscaram e enfrentou Roma, nos seus dias de ódio, levando a todos que tinham necessidades o amor incomparável do Amigo...

Quando convidado ao testemunho, amadurecido e sábio, deu a própria vida em holocausto, como Ele o fizera em favor de todos.

As duas faces de Simão Pedro são encontradas em todos aqueles que descobrem Jesus ou que por Ele foram encontrados no caminho da evolução e sentem o desejo de O amar, de Lhe entregar a vida.

Capítulo 18

A psicoterapia de Jesus

Sabia Jesus que todos os males que afligem o Espírito humano procedem do seu interior, das suas matrizes geradoras da personalidade, nas quais estão cristalizados os hábitos doentios, esses filhos diletos do egoísmo e da violência.

Mantendo a herança da luta pela sobrevivência, essa personalidade retrógrada somente pensa em acumular valores para a continuidade dos seus interesses, fruir dos prazeres entorpecentes que impedem a claridade da consciência, fazer-se ver e receber aplauso, num comportamento gravemente infantil, do qual já se deveria haver libertado, na razão direta em que houve o desenvolvimento para a faixa adulta.

Mas não é o que acontece, fixando-se cada vez mais nos significados agradáveis do seu viver, não se importando com aqueles que lhe constituem a constelação familiar, o grupo social, os cooperadores do trabalho, o grupo de natureza espiritual.

Enquanto são jovens, as suas carnes e as disposições de ânimo encontram ressonância no corpo, a ilusão permanece dominando o comportamento.

Subitamente, porém, dá-se o fenômeno do despertar, mediante o qual o indivíduo se identifica solitário, insatisfeito com tudo quanto acumulou, desmotivado para a existência, porque se defronta com a consciência que constata a quase inutilidade de toda a vida experienciada sem a produção dos valores transcendentes, que são aqueles que, realmente, podem ser transferidos para além do túmulo.

Isto, porque nesse período os desgastes orgânicos e emocionais dão sinais do cansaço do corpo e da sua constituição, sem o conjunto de ideais e de sentimentos enobrecidos que estimulam a alegria e proporcionam reações de prazer transcendental.

Quando assim acontece, a falta de estrutura psicológica atira o indivíduo no abismo da depressão, porque se encontra árido no que diz respeito ao amor, e sem o amor a vida não tem qualquer razão de existir, e mesmo quando permanece, as bênçãos da harmonia cederam lugar à ganância e ao isolacionismo doentio.

O Mestre sabia que o único sentido da existência humana é o de adquirir a flama do amor e desenvolvê-la, deixando-se abrasar pela sua labareda e ampliar os horizontes da solidariedade, expandindo os sentimentos em favor do próximo e de todas as manifestações da Natureza, que são obras do Pai Celeste, colocadas à disposição de todos para o seu enriquecimento emocional.

Quando se ama, todo o ser vibra de emoção e de esperança, produzindo substâncias que se convertem em vibrações psíquicas de bem-estar e de felicidade.

O amor é, portanto, de origem divina, mas também humana, pelos benefícios que opera nos relacionamentos, nas realizações de toda natureza, nas atitudes perante as ocorrências venturosas ou perturbadoras.

Por essa razão, Ele se converteu em um poema de amor portador de paz.

A paz deflui do amor, assim como esse conduz à paz.

❖

Vivia-se, no Seu tempo, a prerrogativa de devolver-se ao outro conforme dele se recebia, proliferando as manifestações da prática do mal em razão do mal, que predominava em toda parte.

Jesus estabeleceu que é mediante a retribuição do bem que se diluem as forças mentais que sustentam o mal na Terra e que todo amor que se dirige a outrem, mesmo que não aceito de início, transforma-se em recurso poderoso de contraposição ao ódio.

Por isso, ninguém é invulnerável ao amor, pois que o amor procede de Deus, que é a sua Fonte de nascimento.

A pessoa saudável é aquela que sustenta os sentimentos nobres em quaisquer conjunturas, e não somente quando tudo lhe transcorre bem e agradavelmente. É muito fácil manter-se nas situações favoráveis, sem enfrentamentos, mas também sem novas experiências evolutivas que o progresso impõe.

O amor é esse maravilhoso buril que retira as imperfeições do caráter, modelando anjos e santos, artistas e sábios...

Sempre chamou a atenção dos amigos e dos adversários de Jesus o hábito que Ele manteve de conviver com os infelizes, os excluídos da Sua sociedade, aqueles que constituíam a ralé, deixados à margem como inúteis, pecadores ou condenados...

Ao buscá-los, lecionou a mais excelente forma de expressar o amor, porquanto os dignificava, erguendo-os do abismo em que se encontravam por vontade própria, ou porque haviam sido ali atirados, demonstrando que a luz vence a treva, e a saúde supera a doença. Ele era o médico dos desvalidos, e não somente dos bem-sucedidos, que também não desprezava, porque todos são carentes de afetividade.

Com a mesma naturalidade com que socorreu Simão, o Leproso, desdenhado e infeliz, recebeu Nicodemos, príncipe e doutor do Sinédrio, destacado na sociedade, embora sedento de luz...

Arriscou a própria vida propondo novo comportamento aos apedrejadores da mulher adúltera, que era vítima de si mesma e do contexto social injusto no qual vivia, ajudando-a na renovação interior e tornando-a útil à sociedade, o que repetiu com a mulher equivocada de Magdala, que Lhe buscou orientação e recuperou-se...

Perseguido insensatamente pelos adversários gratuitos, compadecia-se da sua ignorância e estupidez, tendo paciência amorosa com eles, e, mesmo quando foi constrangido à severidade, não se exasperou, nem lhes guardou qualquer tipo de ressentimento.

O amor em Jesus é a presença de Deus no Seu coração, que Ele transferia para os Seus discípulos, auxiliando-os na libertação das matrizes da personalidade enferma, de modo que pudessem operar com segurança a construção de novos comportamentos.

Ninguém pode apagar certas recordações e condutas ancestrais, arquivadas nos recessos da memória, mas as pode substituir por outras saudáveis que se irão incorporar nos conteúdos do ser, passando a proporcionar conduta desejável.

O amor não tem limites e sempre sai vitorioso em qualquer situação em que seja colocado.

Em razão do Seu amor inefável, tornou-se escultor de almas, começando o mister com os discípulos arraigados às tradições, habituados ao revide e ao ressentimento, sensíveis às agressões e à vingança.

Ensinando pelo exemplo, demonstrava sem palavras que feliz é aquele que ama e que serve, que se dedica e que olvida o mal, que se faz o menor diante dos pequeninos, de tal forma que revela toda a grandeza de que é portador.

Foi dessa maneira que, na Última Ceia, tomando de uma toalha e de uma bacia com água, ajoelhou-se e pôs-se a lavar os pés dos discípulos aturdidos, que tentaram recusar-se a essa máxima doação. E quando Pedro Lhe disse:

— *Nunca me lavarás os pés.*

Respondeu-lhe Jesus: — *Se eu te não lavar, não tens parte comigo.*[15]

Mais tarde, quando Judas O beijou, consumando a traição, Ele, que o conhecia muito bem, que sabia das suas carências afetivas e das suas frustrações, retribuiu o crime chamando-o de amigo.[16]

Quem na história da Humanidade que se Lhe possa equiparar?!

— *Somente pelo amor o homem será salvo* — Ele o asseverara aos companheiros surpresos.

O amor é o pano de fundo que se pode encontrar nas bem-aventuranças, alterando para sempre o comportamento moral e social da vida humana.

---

[15] João, 13:8.
[16] Mateus, 26:50 (notas da autora espiritual).

Capítulo 19

A ardência das batalhas

O dia surgira embriagado de luz esfuziante.

Os diligentes trabalhadores movimentavam-se na direção dos seus locais de ação, emocionados pela oportunidade de poderem ganhar o pão com dignidade.

A Natureza esplendorosa naquela quadra ensejava as contínuas pregações às margens do mar amigo, onde Jesus emoldurava as experiências do amor com as vibrações da Sua palavra incomum.

Todos quantos d'Ele se acercavam para ouvi-lO ficavam maravilhados ante a melodia do verbo e a profundidade do ensinamento.

Ele era um libertador de consciências e de sentimentos, que penetrava o âmago do ser e desvelava-o à própria consciência. Diferente de todos que vieram antes, conseguia cativar e enternecer os corações, que se Lhe vinculavam com uma doce afeição, caracterizada pelos sucessivos grupos que sempre se encontravam a Sua volta.

As horas que transcorriam ainda não haviam alcançado elevado índice de calor quando Bartolomeu (seu nome se origina de "bar Talmay", em aramaico, filho de Talmay), igualmente galileu de Nazaré, convidado para o ministério, discreto e afável, acercou-se do Mestre, que parecia meditar sentado em uma pedra sob a copa de velho arvoredo contemplando o mar.

Ele vivia quase no anonimato, e é possível que seja o mesmo Natanael a que se referem as Escrituras...

A música das onomatopeias era carreada pelos ventos brandos que sopravam na direção da cidade de Cafarnaum.

O discípulo timidamente aproximou-se e, sentindo-se recebido pelo afeto do Amigo, pediu-Lhe licença para indagar-Lhe sobre algo que o vinha afligindo recentemente.

Narrou-Lhe que O amava e sentia-se fascinado pela mensagem do Reino de Deus, no entanto temia não poder suportar o escárnio nem a perseguição gratuita dos fariseus e seus sequazes.

Dias passados, caminhava na direção do trabalho, quando alguém o admoestou com sarcasmo a respeito da sua vinculação com Jesus, tido como desordeiro, porque alterava o estabelecido com a Sua mensagem absurda de amor.

Ele procurara esclarecer o agressor, pacientemente, quando este exclamou, furibundo: – *Raca!*

A palavra de desdém e menosprezo fê-lo ferver pela emoção da ira.

Incendiado pela raiva, desejou revidar no mesmo nível, passando a um pugilato infeliz. Com dificuldade conseguiu controlar-se, mas não esqueceu o incidente nem perdoou o desafeto.

– *Será que, por amor, teremos que suportar as feras que nos dilaceram com a sua brutalidade?* – interrogou, tomado de nervosismo denunciador do ressentimento.

Jesus olhou suavemente o amigo e explicou-lhe:

— A árvore que resiste à tempestade é sempre arrancada. O solo que se recusa a lâmina do arado permanece árido, assim também o coração que revida, a mente que se nega à dilaceração do orgulho...

Todo agressor é enfermo do espírito e compraz-se em inquietar os outros por inveja da paz de que se fazem portadores. Incapaz de superar a inferioridade e crescer na direção do equilíbrio, prefere azucrinar e provocar aqueles que considera superiores e os detesta, gerando-lhes aflições e cólera, desse modo, igualando-os à própria mesquinhez.

Quando amamos, a ofensa do insensato não recebe nenhuma acolhida de nossa parte, ficando com ele mesmo, e mais o atenazando. Por isso, é necessário amar, a fim de não se igualar ao ofensor.

— E se ele, estimulado pelo silêncio da vítima, sentir-se emulado para a agressão física, que fazer? — perguntou, angustiado.

O Mestre, compassivamente, respondeu:

— Embora não concordemos com essa conduta, não podemos tornar-nos iguais ao revel, retribuindo-lhe da mesma maneira o gravame com que nos fere. A única ação capaz de vencer o mal é o bem que se expressa através do amor que recebemos de nosso Pai.

— Mas o mundo está referto de agressores e de perversos. Como poderemos implantar o Reino de Deus se nos não utilizarmos dos mesmos instrumentos dos agressivos, a fim de os submetermos à verdade?

— O Reino dos Céus encontra-se nos sentimentos humanos e estabelece-se mediante a cordura e a bondade, por isso que o mundo não o vê, nem o quer... Utilizando-nos dos instrumentos do mal e impondo-o, estamos agindo da maneira repreensível, como consideramos as atitudes dos dominadores dos outros que são dominados pelas suas paixões desgastantes. Não nos cabe submeter ninguém às nossas verdades, porque cada um possui as suas, mas sim aclarar a inteligência

para que se impregne da proposta de paz e de renovação em favor da própria felicidade como da de todos.

– *Temo* – arrematou, por fim – *não ter resistências morais para os enfrentamentos dessa natureza...*

E as últimas palavras foram enunciadas com lágrimas de emoção e ressentimento que lhe escorriam pela face crestada pelo Sol.

Jesus olhou profundamente o rosto congestionado do discípulo, e respondeu-lhe com meiguice:

– *As resistências morais chegam-nos por meio das pequenas dores que vamos habituando-nos a sofrer, pela paciência diante das ocorrências infelizes, mediante a irrestrita confiança no Pai, que nunca se impõe.*

E depois de um breve silêncio, como se estivesse contemplando o futuro do discípulo, naquele momento aturdido, concluiu:

– *Sei que suportarás todo tipo de agressão e de tormento por amor a mim e à palavra, porque eu te convidei para seres pastor de feras, que se transformarão em ovelhas mansas. Mantém-te fiel e prossegue em paz, sem importar-te com os impedimentos do caminho, guardando a certeza de que o Reino dos Céus já se encontra delineado no teu coração, na tua vida, esperando o momento de desvelar-se...*

Os tempos se dobraram uns sobre os outros em anos de saudades e de trabalho, em favor da divulgação do Evangelho do Senhor.

Bartolomeu, conforme o Mestre previra, uniu-se a Felipe e saiu a pregar pela Ásia Menor, especialmente na Índia e na Armênia, enfrentando a brutalidade dos seus habitantes primitivos, adoradores de animais, especialmente de serpentes, em cujo culto eram realizados holocaustos e feitas doações expressivas, e, tomados pelo Espírito do Senhor, realizaram momentosas curas que fascinaram os seus beneficiários e suas testemunhas.

Separaram-se por algum tempo e voltaram a pregar juntos, acompanhados de Mariana, irmã de Felipe, consagrando-se como verdadeiros apóstolos de Jesus.

Graças a eles a Mensagem espalhou-se por diversas regiões, especialmente na Índia, havendo Bartolomeu traduzido o Evangelho de Mateus ao idioma local e conseguido feitos inimagináveis.

No ano 90 d.C., em razão dos feitos extraordinários, foi crucificado com Felipe, sobrevivendo à perseguição inclemente, vindo mais tarde a ser novamente crucificado em Albanópolis, e, porque demorasse a morrer, foi esfolado vivo e depois escalpelado, dando a mais extraordinária demonstração de fé e de coragem, porque pregando sempre a Doutrina do amor e do perdão.

Depois do suplício a que foi submetido, seus discípulos devotados, aqueles que receberam as bênçãos da sua misericórdia e do seu amor, sepultaram o seu cadáver em Albano, na Armênia Maior, posteriormente transferido para Roma.

Todo aquele que se dedica a Jesus não pode deixar de experimentar a ardência da batalha do amor contra o ódio e do bem contra o mal.

Capítulo 20

Fidelidade e paz

Tiago, filho de Zebedeu e irmão de João, era modesto e dedicado discípulo de Jesus.

Mais velho do que seu irmão, embora ainda jovem, acompanhava a sinfonia apresentada pelo Maestro Divino com inusitada alegria, que nunca encontrara no labor com o seu pai e os amigos nas atividades pesqueiras.

Jesus era especial, e a Sua palavra, sempre revestida de musicalidade, penetrava-o como se fora um punhal de luz que o clareava interiormente.

Aprendera a viver naquela região, adotara os seus costumes e contentava-se com os resultados da pesca, mesmo nos dias mais difíceis, quando a renda era mínima.

Não possuía outras ambições, pois que os seus pais atentos sempre supriam as suas e as necessidades da família.

Mas desde o momento em que foi convocado para a construção do Reino de Deus, passou a viver dias de encantamento e de felicidade.

De alguma forma era inquieto, extrovertido, antes de conhecer o Mestre, que diante da sua movimentação o chamara, como ao seu irmão, de Boanerges (Filhos do Trovão), aprendendo a tornar-se controlado e dócil.

Passou à posterioridade também com a alcunha de Maior, para distingui-lo do outro Tiago, o filho de Alfeu.

À medida que o relacionamento do Senhor com o seu irmão tornou-se enriquecido pela dúlcida afetividade, as citações bíblicas normalmente se lhe referem sempre ao lado do futuro evangelista, cujo amor pelo Mestre, na Última Ceia, enternecendo-se pelas dores que o Amigo iria experimentar, colocou a cabeça no seu tórax, como se desejasse aquecer-Lhe o coração.

Quando começou a experimentar a presença do amor transcendente no íntimo, compreendeu o significado da própria vida a serviço do ideal e as possibilidades de que dispunha para o ministério.

Diligente, sempre se encontrava a postos para qualquer emergência ou atividade extra, sem exigência ou reclamação.

Fascinavam-no os atos do Senhor, sempre comedido e conhecedor das misérias humanas, distendendo misericórdia e compaixão.

Ele foi escolhido para participar do augusto banquete da transfiguração no monte Tabor, ao lado de Pedro e do seu jovem irmão, ficando embevecido por muito tempo, quando O vira em todo o Seu esplendor dialogando com Moisés e Elias, que se Lhe submetiam.

Anelara por ficar ali, em uma tenda, com os outros, fruindo a felicidade incomum do momento.

O Mestre, porém, houvera dito-lhes que era necessário descer para estar com os companheiros e as aflições humanas, porque nos vales o charco exala podridão, e as flores, perfumes.

Na planície do Esdrelon, para onde se encaminharam, outra surpresa os aguardava, quando um pai aflito rogou a Jesus socorro para o seu filho endemoniado, e o Mestre, com ternura inexcedível, expulsou o Espírito imundo que o afligia, dando a todos uma lição de incomparável sabedoria.

Para aquele mister era necessário possuir forças morais, a fim de ser atendido pelas Entidades infelizes, de nada adiantando gritaria ou ameaças, cerimônias ou verborragia...

A austeridade do Amigo e Suas palavras repassadas de energia e misericórdia produziram um grande impacto no obsessor impenitente, que logo deixou a sua vítima, passando a acompanhar o Sublime terapeuta, renovando-se e transformando-se para melhor.

É certo que uma coorte de anjos acompanhava o Messias, mas também de seres infelizes que ao Seu lado beneficiavam-se das Suas energias, dos Seus ensinamentos, abandonando os antigos doentios propósitos e fazendo parte da caravana daqueles que se renovavam para o bem.

No Tabor, Jesus esplendera de glórias, e no Esdrelon, de compaixão para com as deficiências dos infelizes.

O convívio com Ele era sempre rico de experiências grandiosas e inesperadas, porque tudo n'Ele era especial, inimitável, único...

Quando os amigos se reuniam para discussões banais e disputas injustificáveis, ele, invariavelmente, afastava-se do grupo, a fim de poder reflexionar, não se deixando influenciar pelos tormentos deles.

É claro que também sofria algumas angústias, tinha dificuldades de assimilar todas as informações ouvidas, mas sentia que eram procedentes e deveriam ser cumpridas.

Com João confabulava em torno do porvir, do período que se acercava, e, quando percebia que não estava tão próximo, recorria-

-lhe à jovialidade e à sabedoria para discutir como proceder até o instante da ação. É claro que pensava ser o *Reino* por Ele anunciado, o que tornaria Israel o país mais ambicionado do mundo, possuidor de todos os poderes, livre, enfim, da submissão a Roma.

Desde o princípio que assim pensava, e foi graças a essa ideia que sua mãe tentou interceder pelos dois, rogando ao Mestre que, no momento da Sua glória, colocasse-os cada um ao Seu lado, assessorando-O.[17]

A resposta do Senhor fora perturbadora, e tiveram dificuldade, todos os membros da família, de entender por que Ele perguntara se estavam dispostos a beber da Sua taça de amarguras... É claro que estavam, porquanto pensavam que teriam que sorver alguma substância amarga, como era relativamente comum nas celebrações festivas...

Lentamente, porém, foi-se dando conta de que a taça era muito mais complexa do que pensara, e sorvê-la era dar-se em totalidade, mesmo quando o sofrimento chegasse com as suas tenazes de aflição.

Todo o tempo disponível ele conviveu com Jesus e deixou-se impregnar pelo Seu perfume de amor, assinalando a sua existência com as diretrizes ouvidas e absorvidas.

Por isso, procurava não criar embaraços no ministério do Mestre, cooperando quanto possível em todos os misteres, de maneira a expandir o Reino de Deus na Terra, a começar pela própria conduta.

Vivia surpreso em acompanhar as multidões que se multiplicavam em volta do Amigo, apresentando as suas derrotas estampadas em doenças terríveis, em castigos da Divindade pelos

---

[17] Mateus, 20:20 a 22 (nota da autora espiritual).

pecados cometidos, sempre beneficiadas, sem que, no entanto, aqueles réprobos que se recuperavam viessem fazer parte do núcleo de ação amorosa.

Homenageavam o Mestre somente com o interesse de terem saradas as chagas purulentas, recuperados os olhos, os ouvidos, a voz, libertados dos espíritos maus, de imediato correndo na direção dos mesmos vícios que lhes causaram as aflições, sem consciência do que se lhes passava.

...E o Senhor atendia sempre as massas, assim como as pessoas isoladas com a mesma ternura e bondade, o que o sensibilizava profundamente.

Assim foi durante todo o labor, até o momento terrível em que viu o Amigo na cruz estertorando, e ele foi tomado de pavor, ficando a distância...

Logo depois, com as alvíssaras da ressurreição, renovou-se-lhe o entusiasmo e, por fim, compreendeu qual era o Reino, qual a taça onde estava o conteúdo amargo, o que era necessário fazer.

Após a descida das línguas de fogo no memorável Pentecostes, foi dominado totalmente pelo psiquismo do Senhor e saiu a pregar, a divulgar a Boa-nova de alegria, chegando a viajar para levar a mensagem às distantes terras espanholas.

Mas retornou e desafiou o contexto com o seu verbo inflamado de júbilo, provocando a ira de Herodes Agripa I, neto de Herodes, o Grande, no ano 44 d.C., que o mandou decapitar para servir de exemplo aos demais...

A sua fidelidade e exemplificação coroou-o, por fim, de paz e de plenitude.

Ele bebeu, sim, a taça de amargura até a última gota.

Capítulo 21

Reflexões angustiantes

Tudo lhe aconteceu rapidamente, como um raio que rasgasse a treva densa e sua força terrível o fulminasse, mesmo antes da tragédia que iria desencadear.

No íntimo ele sabia que algo de inconcebível iria acontecer e temia que fosse o instrumento desse horror. É como se o maligno se lhe houvesse penetrado com as suas ardilosas redes de crueldade. Pensava sobre isso, a princípio com medo, depois foi se adaptando à ideia e, por fim, tresloucado, executou-a: vendeu o Amigo!...

O ato insano foi muito rápido, irracional, criminoso. Bastou que Ele dissesse durante a ceia, embora a infinita amargura na voz:

...O que fazes, faze-o depressa.[18]

E ele correu desvairado na direção dos sinedritas com os quais se houvera comprometido antes e vendeu-O.

Não tinha dimensão do ato alucinado que praticara, mas assim mesmo o realizou, pois que estava fora de si, a consciência adormecida pelo anestésico da dúvida, da ingratidão...

---
[18] João, 13:27 (nota da autora espiritual).

O que sucedeu logo depois foi inexplicável surpresa acompanhada de dores amargas.

A negociata infame previa que os acontecimentos deveriam suceder depois da Páscoa, mas ele, que era traidor, também foi traído pelos que o concitaram ao hediondo crime.

Quem negocia com criminosos padece-lhes o caráter venal, a aspereza da indignidade.

A psicosfera em Jerusalém, naquele momento, como sempre, era asfixiante, e aquela seria a noite mais longa entre todas as suas noites.

Ele seguira com a triste comitiva armada de varapaus e lâminas dos soldados, acompanhados pela ralé dos desocupados, da súcia infeliz, na direção do Getsêmani, onde sabia que Ele estava orando.

Como pudera utilizar-se daquele momento para a detestável conduta?! Não soube dizê-lo. A verdade é que, ao vê-lO tão angustiado ao brilho dos archotes de labaredas vermelhas, não trepidou e beijou-O na face, conforme houvera combinado, a fim de informar quem era a vítima.

Viu-O, então, ser aprisionado sem nenhuma resistência, fitá-lo com infinita compaixão e deixar-se conduzir à presença dos infames julgadores.

Passava da meia-noite, mas a malta dos malfeitores e vagabundos, assim como dos demais que se encontravam a soldo do Sinédrio, superlotava o pátio onde Pilatos mandou despi-lO, chibatá-lO, numa tentativa de salvá-lO da sanha perversa dos seus, sem que Ele se queixasse, enquanto todos, inclusive muitos que foram beneficiários do Seu amor, apupavam-nO.

A ingratidão das criaturas humanas é proverbial, e a massa é um monstro que obedece ao comando do mais cruel.

Tremeu, acovardado, na escuridão de um lugar de onde podia vê-lO vencido, Ele, que era seu amigo!

Foi então, milagre da consciência, que a culpa se lhe insculpiu na alma com o *ferro em brasa* do remorso.

As lágrimas avolumaram-se nos olhos e escorreram como ácido queimando-lhe a face deformada pelo estupor que o tomou naquele momento.

Correu na direção dos abutres que o traíram e tentou reparar o erro ignominioso.

A galhofa e a ironia dos vencedores de mentira foram a resposta que lhe deram. Tentou explicar-se, mas não havia ouvidos que o escutassem. Reconheceu o seu crime, mas isso era com ele, e não com os mesquinhos negociantes que o aliciaram.

Desesperado, atirou-lhes as trinta malditas moedas de prata, que eram o preço da traição, e saiu enlouquecido, sem forças nem sequer para gritar a própria desdita.

As sombras densas e o clima terrível, resultado das mentes infelizes reunidas para o grande desfecho, abafavam as emoções que o asfixiavam.

O horror apresentava-se em forma de fantasma sobre a cidade infeliz dos profetas desprezados e assassinados, conforme Ele o declarara oportunamente...

Não suportou o desconforto superlativo que o tomou todo, e a mesma força tiranizante que o desgovernava sussurrou-lhe a fuga pelo suicídio, que ele atendeu de imediato, atirando uma corda vigorosa sobre um galho forte de velha figueira, e enforcou-se...

❀

Quando ele recebeu o chamado daquele Estranho, era jovem, e todas as fibras do corpo e da alma vibraram de especial emoção.

Chamava-se Judas, que em hebraico significa "agradecimento", *ish Kerioth*, também significando "homem de Kerioth", cidadezinha ao sul de Judá, e naquela ocasião era um idealista, um sonhador.

Possuidor de lúcida inteligência, foi recebido pelo grupo de pescadores e pessoas simples com carinho e júbilo, tendo sido destacado para ser responsável pela guarda dos seus escassos recursos monetários, seus reduzidos haveres...

Ficou entusiasmado com o chamado, e fascinado com Aquele que o havia destacado com o convite.

Quem convivesse com Jesus não tinha alternativa: amava-O para sempre, ou detestava-O, nunca ficando indiferente.

Ele deixou-se abrasar pelo Seu verbo altissonante e doce ao mesmo tempo. A Sua Mensagem repassada de ternura era um refrigério para a ardência do seu temperamento inquieto e para as suas ambições, pois que anelava por conquistar o mundo, pelo poder, pelo destaque social...

Pertencer a um reino especial era tudo quanto desejava então, tornando-se importante, merecendo e conseguindo homenagens e honrarias como via acontecer com outros, que considerava sem mérito para tanto.

Tudo lhe parecia estar ao alcance, agora que se encontrava ao lado do Taumaturgo que tinha poder até mesmo sobre as forças da Natureza.

Vira-O limpar a morfeia em corpos apodrecidos que se recompuseram de imediato e não ocultava o contentamento por tê--lO como Amigo.

Todos os fenômenos, imagináveis ou não, ele os vira acontecer com a interferência daquele meigo Rabi que o comovia profundamente.

As multidões emocionadas seguiam-nO docemente, como ovelhas submissas ao cajado do seu pastor.

À medida que convivia com Ele e os demais amigos, sua natureza experimentava alterações.

Não entendia, por exemplo, porque Ele preferia os miseráveis, os réprobos, e dialogava com todos sentando-se à mesa com eles, que eram rejeitados por todos e por todos repudiados?

Certamente que ele explicava serem os enfermos aqueles que necessitam do médico, sendo Ele o médico dos desventurados, particularmente dos excluídos da sociedade pusilânime de sua época.

Mas observava também que príncipes e militares de alto coturno O buscavam, porém sem receberem qualquer privilégio conforme suas posições requeriam. Ele era capaz de deixá-los esperando para atender um pária detestado, o que não lhe parecia justo nem coerente.

A pouco e pouco, os conflitos iniciais converteram-se em insegurança, e dessa passou a agasalhar dúvidas e receios quanto à vitória da empresa em que se encontrava.

Amava Jesus, sim, a seu modo, mas nem sempre O compreendia. Os Seus silêncios eram perturbadores e a Sua indiferença pelos bens materiais, quase os desprezando, era difícil de entender-se...

No banquete, por exemplo, na casa de Simão – outro detestado pela lepra que o vencia –, quando Maria derramou-Lhe de surpresa o perfume especial e de alto preço, numa demonstração de afeto, ele não pôde silenciar e exclamou:

— Por que não se vendeu esse perfume por trezentos denários e não se deu aos pobres?

Em verdade, não era por sentimento de amor aos pobres e sofredores que ele tomara essa atitude, mas por avareza, por despeito, porque já furtava os bens dos amigos...

Noutras vezes, irara-se com os companheiros que demonstravam desconfiança a respeito da sua fidelidade e do seu valor.

Mas lentamente tentou ajustar-se ao grupo e ser útil.

Quando constatou, porém, que o Mestre não iria oferecer a Israel a governança do mundo, esmagando o Império Romano, decepcionou-se e pensou que poderia precipitar os acontecimentos.

— Quem sabe – pensara – *numa circunstância grave Ele não se desvelaria, apelando para os Seus simpatizantes, que aguardavam somente a Sua voz de comando?*

Ledo equívoco, infeliz conclusão, pois que o *Reino* d'Ele não era deste mundo, e ele se enganou terrivelmente, perdendo a oportunidade, aniquilando-se...

❉

Judas amava Jesus, porém se interessava mais pelos próprios projetos, e não pela promessa de amor incondicional e da imortalidade...

Infeliz, atirou-se no abismo da perdição mediante a loucura do autocídio, esquecido do Amor não amado que, apesar de tudo, não o olvidou, indo resgatá-lo nas regiões inferiores de sofrimentos inenarráveis, antes de ressurgir na madrugada do terceiro dia, após a sua crucificação e morte. Isto, porque o amor não tem limites...

❖

Através de reencarnações pungentes, dolorosas, o homem de Kerioth resgatou o delito tremendo e retornou ao colégio galileu, ele, que era o mais inteligente, o único judeu, após sofrer o martírio como Joana d'Arc.

Capítulo 22

Nascido para o Reino de Deus

Não poderia ser diferente.

Aquelas gentes exaustas de sofrer, que sempre eram relegadas ao abandono como se não existissem, subitamente descobriram que a felicidade era possível de ser conquistada, encontrando-se-lhes ao alcance.

Desde que o reino terrestre lhes era negado, tinham o direito de anelar por aqueloutro de natureza espiritual, o que dizia respeito aos céus.

Aquele Homem especial despertara-lhes a dignidade ultrajada, que fora esmagada pelos poderosos do mundo de tal forma que desaparecera completamente, anulando-lhes o sentido existencial, a sua realidade humana.

Haviam-nO ouvido na montanha fronteiriça ao Mar da Galileia, e o Seu canto penetrara-lhes os refolhos do ser, como jamais alguma coisa houvesse logrado um resultado semelhante.

A Sua voz impregnara-os de doçura, e o Seu porte altivo e nobre deslumbrara-os, porquanto permitia que todos com Ele se identificassem.

No imo do coração sabiam que Ele era aguardado como sendo a primavera gentil e perfumada após o rigoroso inverno que a tudo havia crestado.

A Sua mensagem, porém, ultrapassava tudo quanto antes pensavam. Não saberiam dizer se ouviram a voz ou se ela já se encontrava arquivada nos arcanos da alma, sendo despertada à suave brisa da musicalidade que Lhe escapava dos lábios.

A verdade é que nunca mais seriam os mesmos.

Ficaram impressos nos painéis espirituais aqueles momentos incomparáveis: a Natureza em festa, a canção imortal, a esperança do futuro ditoso.

❈

Cafarnaum era um centro de negócios e confabulações muito importantes. Entre as grandes conquistas logradas, possuía uma sinagoga, uma alfândega e um quartel com respectiva guarnição de soldados, ficando muito bem situada entre a Estrada do Mar (*Via Mares*) e Cesareia Marítima, próximo a Betsaida e Corazim, ao norte de Tiberíades.

A sua sinagoga estava sempre referta para os ofícios tradicionais aos sábados, e a vida transcorria dentro dos padrões vigentes até Ele surgir na praia, na praça e nas tascas onde dialogava com os infelizes, aqueles que haviam sido expulsos da convivência com as pessoas denominadas sadias...

Sabia-se que Ele hospedava-se na casa de Simão, filho de Jonas, também pescador como seu pai, seu avô, seus ancestrais...

Naqueles dias todos davam prosseguimento às profissões dos seus antepassados.

Ignorava-se de onde Ele viera, embora houvesse comentários em torno da Sua procedência, o que, afinal, não era importante. O que realmente interessava é que aquele Homem singular modificara completamente os hábitos da cidade, os anseios das pessoas, não deixando ninguém indiferente à Sua presença.

Nas tardes formosas, quando a Natureza suspirava o hálito gentil do crepúsculo, na barca de Simão ou na praça do mercado, Ele aparecia e enunciava ditos que nunca foram pronunciados anteriormente. A Sua voz era calma e doce, porém penetrante como um bálsamo delicado, não permitindo que pessoa alguma permanecesse indiferente. Os comentários faziam-se imediatos, e a curiosidade era sempre crescente em torno d'Ele e dos Seus ensinamentos.

O número de pessoas excluídas da sociedade era expressivo anteriormente, porém, depois que Ele apareceu na cidade, houve um aumento bem significativo, porque as aldeias próximas, e mesmo algumas outras cidades mais distantes, tomando conhecimento dos Seus dons e dos Seus feitos, enviavam os seus réprobos e miseráveis, que para lá acorriam em busca de recuperação, de amparo... E a ninguém Ele deixava de socorrer!

Miqueias ben Malaquias era portador de epilepsia.

Toda a sua existência de mais de cinco lustros fora assinalada pelas convulsões em que babava sangue e estorcegava. Considerado incurável e louco, fora deixado à míngua em casebre miserável, exposto a todo tipo de descaso e sofrimento.

Nos seus momentos de lucidez, ele percorria as ruas mendigando, ou fazendo favores que eram recompensados com as migalhas alimentares com as quais sobrevivia.

Também era tido como portador de demônios, tal a força cruel que o submetia durante as crises diárias do seu infortúnio.

Quase todas as pessoas conheciam-no, e, já acostumadas ao seu fadário, nem sequer se compadeciam da sua desdita.

Vencido pela enfermidade perversa, praticamente perdera o contato com a realidade objetiva, deixando-se arrastar pelo atordoamento e o abandono de si mesmo, na condição de monturo humano, tal o desleixo e a sujeira em que tombara, e nela permanecia.

Numa das tardes opulentas de luz cambiante no crepúsculo de fogo, após os comentários que eram acompanhados pelos grupos que se formavam a Sua volta, estava presente Miqueias, levado pelos ventos vergastadores do sofrimento.

Ele atendia bondosamente aqueles que se Lhe acercavam, quando o padecente tombou ruidosamente sobre os calcanhares e caiu nas areias da praia, contorcendo-se em agitação infrene.

A face congestionada, a sudorese abundante na palidez mortuária que o tomou, ele produzia ruídos estranhos entre os dentes cerrados nos lábios arroxeados, que logo se adornaram de espuma como de rajas de sangue. Os olhos estavam quase fora das órbitas, e o seu sofrimento era confrangedor.

O Mestre acercou-se ante o grupo, que se afastou assustado e com medo, e, abaixando-se, pareceu envolvido por uma peregrina luz que mais O embelezava, pondo-se a falar-lhe, a princípio docemente, para logo depois com energia e sonoridade:

— *Espírito imundo, por que afliges o teu irmão de maneira desnaturada?*

Rebolcando-se sobre si mesmo, o enfermo estrugiu uma terrível gargalhada que mais atemorizou os circunstantes, enquanto redarguiu, zombeteiro:

— *Ah! Que temos contigo, Jesus Nazareno?*[19]

— *Que tens tu comigo? O meu caso é com ele, e não contigo. O miserável infelicitou-me, e agora lhe cobro o mal que me fez e que prossegue realizando, porque sou profundamente desgraçado...*

— *Eu tenho contigo o compromisso do amor e da compaixão. O mal que lhe fazes a mim estás a fazer, por isso temos um problema a resolver que não posso adiar.*

— *Não te envolvas com esse desditoso!* — rugiu o vingador, contorcendo-o mais.

— *Afasta-te dele, eu te ordeno, e não lhe faças mais nenhum mal. Somente o Pai é a Justiça perfeita, e todos aqueles que a pretendem aplicar em nome da vingança tornam-se réus do mesmo crime. Perdoando-o pelo mal que te infligiu, estarás perdoado também pelos anos de saúde e paz que lhe roubaste, pelos males que lhe impuseste...*

— *Não o posso abandonar... Deixa-me com ele, para nutrir-me...*

E o paciente começou a chorar de maneira estranha.

— *Ninguém tem o direito de vampirizar as forças do seu irmão, sob pretexto algum. Vai-te dele, e meu Pai te nutrirá.*

Tocando a cabeça do enfermo que se debatia dolorosamente na areia, Jesus determinou:

— *Vai em paz. Os teus pecados serão perdoados, porque és profundamente infeliz, agindo sem compreender a razão salvadora do amor.*

O paciente estremeceu, agitou-se, e o Espírito impuro abandonou-o...

O grupo assustado olhou o obsesso que se levantou ainda aturdido, amparado pela misericórdia do Mestre que lhe disten-

---

[19] Marcos, 1:24 (nota da autora espiritual).

deu a mão em apoio, os olhos tornaram-se brilhantes, e o rosto asserenou-se.

Miqueias ben Malaquias afastou-se dali caminhando vagarosamente, nascido de novo, agora para o Reino de Deus...

A noite suave desceu salpicada de estrelas, e as pessoas demandaram os seus lares, mudas de assombro e de alegria.

Capítulo 23

Eram de Betsaida

Ao tempo de Jesus, Betsaida, que se traduz como "casa da pesca", situava-se ao lado nordeste do Mar da Galileia, a poucos quilômetros de Cafarnaum, e foi vítima de um fenômeno sísmico que, levantando-a, distanciou-a do lago generoso e que no Evangelho aparece como havendo sido uma cidade próspera de tradições vigorosas. De lá saíram Pedro, André e Filipe, que se tornaram discípulos devotados do Mestre, imortalizando-a nas páginas da História.

Também se acredita que Herodes Filipe, um dos tetrarcas que governavam Israel, mandou erguer no seu solo um templo pagão dedicado a Lívia, a mãe de Tibério, que conduzia o Império Romano e fora casada com Augusto.

Conquistada através dos tempos por outros povos, é muito antiga e encontra-se inscrita n'*O Velho Testamento* como constituída de duas partes, sendo comentada por Flávio Josefo.

No seu solo foi sepultado Herodes Filipe com muita pompa, havendo recebido várias vezes a visita de Jesus, que ali operou inúmeros fenômenos de curas, não se permitindo, porém, aderir à Sua Doutrina, o que teria levado o Mestre à lamentação, quando se referiu:

– Ai de ti, Corazim! Ai de ti, Betsaida! Porque, se em Tiro e em Sídon se fizessem as maravilhas que em vós foram feitas, já há muito, assentadas em saco e cinza, se teriam arrependido.[20]

Não foram poucos os admiráveis fenômenos que nelas se produziram, sem que a sua população de cultura helênico-romana se interessasse por reflexionar em torno da Sua Mensagem.

De lá também procedia o paralítico abençoado pelo Divino Socorro na piscina de Bezatha (Betesda), na *porta das ovelhas*, em Jerusalém, que, após trinta e oito anos aguardando o milagre das águas serem movimentadas pelos anjos, o que produzia a cura dos enfermos que nelas se atirassem, não conseguira êxito, e Jesus recuperara-o.

Jubiloso e carregando o catre imundo em que repousava, censurado pelos judeus, por essa ação proibida, em razão de ser um sábado, ele respondeu-lhes: *– Aquele que me curou, ele próprio disse: "Toma o teu leito, e anda".*[21]

Interrogado para que informasse quem assim o propusera, esclareceu não o saber, porque Ele se havia afastado e perdera-se na multidão.

Isso, porém, era fácil de identificar-se, aumentando o ódio dos pigmeus morais, que procuravam motivo para incriminá-lO, acirrando mais os seus sentimentos inferiores de inveja e malquerença.

Depois Jesus encontrou-o no Templo e disse-lhe: *– Eis que já estais são; não peques mais, para que não te suceda alguma coisa pior.*

---

[20] Lucas, 10:13.
[21] João, 5:10 a 17 (notas da autora espiritual).

A recomendação psicoterapêutica de Jesus tinha procedência, porque todas as aflições como bênçãos procedem do ser interior, dos seus atos, devendo-se recompor as paisagens morais a fim de que os males e a degeneração não voltem a povoar o mundo íntimo, dando lugar a danos maiores do que os anteriores, aqueles dos quais se foi liberado.

O insensato, porém, correu célere e foi dizer aos judeus quem o havia liberado da paralisia, dando lugar a que os insanos aumentassem a perseguição contra o Justo, pelo hediondo crime de amar e de servir.

Ademais, justificavam a sua insânia perseguidora porque Jesus afirmara que Deus era Seu pai, o que não deixa de ser paradoxal, no que olvidavam da origem divina de todos os seres e da misericórdia do Genitor divino.

No seu falso excesso de zelo, nem sequer o nome de Deus podia ser pronunciado, muito menos atribuir-se a herança da Sua sublime paternidade...

Ainda por muito tempo haverá aqueles que odeiam os valores éticos elevados, dominados pela inferioridade da inveja e do despeito, em face da sua condição de incapazes de produzir o bem e de ajustar-se aos princípios de elevação, descarregando, então, as suas mazelas em sedições, calúnias, perseguições criminosas, ocultando o próprio conflito que procuram disfarçar em sentimentos de justiça e zelo social.

Jesus, porém, pairava acima deles e sabia que o sábado foi feito para o homem, e não este para aquele.

Os maus e todos quantos se comprazem em tentar obstaculizar a marcha do progresso sempre encontram motivos reais ou falsos para o desencadeamento da sua sanha, sistematicamente perseguindo aqueles que se lhes não submetem, na ilusão de destruí-los, como se o fato de eliminar ou subestimar os valores de alguém possa destruir-lhe os exemplos, os conteúdos iluminativos.

Passaram, desse modo, todos aqueles que se obstinavam em perseguir Jesus, em apagar-Lhe o nome da História, em adulterar as Suas palavras e lições, adaptando-as às suas paixões infelizes, enquanto os tempos sucessivos têm-Lhe feito justiça, embora ainda não permitam a embriaguez enobrecedora pela Sua mensagem.

A paralisia do homem de Betsaida toma conta da hodierna sociedade, que vive à procura das novas piscinas dos milagres, após a exaustão naquelas dos prazeres insanos e degenerativos, a fim de retemperar o ânimo e restabelecer as forças para novamente atirar-se na intoxicação da volúpia em que se aturdem e enlouquecem.

A palavra, no entanto, do incomparável Rabi permanece como o único roteiro de segurança para os caminhantes terrestres, que se perderam nas estradas do prazer utópico e alucinante, gerando os tormentos em que se rebolcam.

A necessidade de não voltar aos comportamentos anteriores é o primeiro passo para a recuperação do bem-estar, e quando ainda se encontre sob as chuvas das consequências dos erros anteriores, a mudança de pensamento e de atitude para o bem logo proporciona alteração emocional que irá contribuir eficazmente para a alegria de viver e a paz.

É necessário, portanto, carregar o catre das próprias misérias, a fim de libertar-se da sua injunção penosa, de modo a poder seguir livre na conquista dos espaços do amor e da solidariedade.

Ainda hoje, vinte séculos transcorridos, os habitantes da Betsaida contemporânea em que se converteu a Terra exigem fenômenos espetaculares, curas fantásticas, surpreendentes acontecimentos, sem a consequente responsabilidade de aplicar os seus ensinamentos ocultos na conduta real, de maneira a integrar-se nos elevados postulados da verdade e do bem.

Vive-se o primado da ilusão, da busca das sensações em clima de renovação incessante, dos prazeres que levam à exaustão, embora o conhecimento que se encontra em abundância em toda parte, convidando a reflexões profundas a respeito do significado existencial, dos objetivos terrestres.

A ilusão campeia assustadoramente, o seu ópio, que fascina, entorpece os sentimentos e anestesia o discernimento, mantendo as suas vítimas em estado de confusão e de ansiedade.

Seria de repetir-se conforme Jesus: – *Ai de vós, Betsaida e Corazim modernas, que tendes acompanhado a marcha do progresso da Ciência e da Tecnologia distante dos sentimentos morais e dos compromissos espirituais, porque perdeis a oportunidade incomum da própria ventura!*

Betsaida ficava próximo ao Mar da Galileia, que um fenômeno sísmico distanciou...

As modernas Betsaidas, assinaladas pelos paralíticos da alma, ao mesmo tempo fornecedoras de apóstolos como Pedro, André e Filipe, encontram-se em expectativa, construindo os templos ao paganismo do prazer, porém expectantes quanto ao amor de Jesus...

Capítulo 24

Compaixão com dinamismo

Onde quer que Jesus se apresentasse, o sofrimento antecipava-Lhe os passos, aguardando a Sua misericórdia.

Aqueles eram dias parecidos a estes, com ligeira alteração de comportamento social e cultural, enxameando, porém, as dores que fazem parte da agenda evolutiva dos espíritos.

Todos os profetas que O antecederam convidaram as multidões à mudança de conduta, à busca da verdade, à utilização da roupagem carnal para a aprendizagem das lições da vida, de maneira a superar os impositivos momentâneos e alcançar a anelada paz, que somente é possível depois de concluída a jornada física.

O ser humano é aprendiz rebelde da evolução, que opta pelo prazer de efeitos imediatos, embora anestesiantes, em detrimento da alegria pura e profunda de curso demorado. Por isso, encontra-se, invariavelmente, percorrendo o estreito corredor das amarguras quando poderia passear pelas imensas paisagens livres do bem-estar.

Iniciando o Seu ministério, anotou Mateus que Ele percorria as cidades e as aldeias, ensinando nas sinagogas, proclamando a Boa-nova e curando todas as enfermidades e moléstias. Contemplando a multidão, encheu-se de compaixão por ela, pois estava cansada e abatida como ovelhas sem pastor.

Então, disse aos seus discípulos: a seara é realmente grande, mas poucos os ceifeiros. Rogai, pois, ao Senhor da seara, que mande ceifeiros para a sua seara.[22]

O grande avanço no conhecimento adquirido através dos séculos abriu horizontes inimagináveis para o ser humano, facultando-lhe decifrar muitos enigmas em torno do Cosmo e da vida, auxiliando-o a ter diminuídas muitas aflições que esmagaram as gerações transatas. Nada obstante, por imprudência e imposição do egoísmo, a sua conduta deu origem a novas expressões de aflição, naqueles dias ignorada.

A sua marcha tem sido caracterizada por avanços fascinantes, sem que a legítima serenidade se lhe haja aninhado nos sentimentos que acompanham as luzes formosas da inteligência.

A palavra de vida eterna encontra-se-lhe ao alcance com pequenos movimentos e mínimo interesse. Entretanto, os hábitos arraigados desde longa data submetem-no a situações deploráveis e dominações alucinadas que se transformam em guerras cruentas, em crimes hediondos, em perversidades inimagináveis. Nele confraternizam o anjo e o demônio, cada qual buscando predomínio, produzindo os efeitos compatíveis com as suas formulações.

Porque tem permanecido mais tempo nos instintos do que na razão, e as suas atitudes são governadas pelos ditames do eu doentio, em vez do Espírito em evolução, ainda não conseguiu superar as heranças da hediondez e da morbidez que lhe assinalam o início do processo.

---

[22] Mateus, 9:35 a 38 (nota da autora espiritual).

Vivendo com Jesus

Jesus significa liberdade, e a Sua mensagem é o pábulo da vida.

À Sua época, o Senhor percebia a imensa multidão sedenta de luz e esfaimada de amor, buscando apoio, exausta no sofrimento e correndo em direção do prazer, quando seria lícito buscar o dever que dignifica, lamentando serem tantos os necessitados e tão poucos aqueles que poderiam auxiliá-la, apontando-lhe o melhor rumo e a mais eficaz conduta.

Ao longo dos evos multiplicaram-se os atormentados e infelizes, que a si mesmos assim se fizeram, enquanto diminuíam os socorristas e misericordiosos.

Ele teve então compaixão das massas infelizes!

Não se trata, porém, da compaixão que apenas se apiada, mas daquela dinâmica que atende as necessidades, diminuindo a carga dos sofrimentos, e por isso Ele curava todas as enfermidades e dores que Lhe buscavam a ajuda.

Na imensa noite que separa aqueles Seus dias dos sofrimentos atuais, desceram à Terra, atendendo à sua proposta, os Espíritos nobres que violaram o silêncio dos túmulos para convidar as criaturas à observância da ética e da ação promovedoras da saúde e da paz.

A partir desse momento, não mais predominaria a ignorância em torno da sobrevivência do ser à morte física.

Demonstrada por Ele na ressurreição gloriosa, o Além-túmulo rompeu o seu mistério e libertou os que eram considerados ausentes, a fim de que pudessem auxiliar o imenso rebanho na messe expressiva, demonstrando que cada qual é responsável pelo que faz de si mesmo, tendo oportunidade de crescer e libertar-se do jugo da escravidão do primitivismo por onde começou a jornada evolutiva.

Em toda parte na Terra, os clarins alvissareiros da Boa-nova passaram a modular a melodia da verdade, demonstrando a grandeza da vida em sua exuberância e finalidade, de modo que ninguém se pudesse escusar de renovar-se, sob justificativas falsas de desconhecimento dos objetivos essenciais da existência.

A compaixão dinâmica de Jesus enviou o Consolador ao mundo terrestre, e todo o planeta passou a conhecer a realidade da vida, especialmente além da morte, onde realmente têm lugar as origens do ser, do seu destino, da sua existência.

Comunicando-se, ora em azáfama perturbadora que chama a atenção, ora no discreto silêncio da elevação moral, os seres espirituais proclamam chegado o momento da transformação do planeta, que avança no rumo de mundo melhor, onde o sofrimento não mais terá vigência por total desnecessidade de manifestação.

Consciente das suas responsabilidades, o ser humano descobre o sentido existencial e entrega-se-lhe jubilosamente, modificando totalmente as ocorrências do futuro, que deixarão de ser penosas para apresentar-se abençoadas.

Estes, portanto, são novos dias para o amor e para a fraternidade, quando luz a esperança e se estabelece a paz, substituindo os estímulos fortes das aflições pelos suaves apelos da compaixão ativa que trabalha para o bem geral.

É verdade que ainda faltam muitas conquistas e ajustamentos morais para que se estabeleça na Terra o Reino dos Céus; no entanto, já se pode perceber quão maravilhoso é poder-se vivenciar a amizade pura, o devotamento fraternal sem jaça, a solidariedade enriquecedora sem mesclas de servilismo ou de interesse subalterno...

O anjo da caridade distende os seus braços sobre os aflitos e diminui-lhes o choro e o desespero, acenando-lhes com a esperança risonha os melhores dias que os aguardam.

Restabelecendo-se, a pouco e pouco, as primícias dos venturosos períodos de amor e de harmonia para a sociedade propostos por Jesus, todos irmanam-se, desencarnados e encarnados, para ser travada a grande batalha da verdade contra a ignorância, do bem contra o mal, da alegria contra a tristeza perversa.

Bem-aventurados, pois, todos aqueles que se disponham ao bom combate da luz contra a treva, da afetividade contra os sentimentos de ira e de rancor, quando, então, ainda compadecido do estágio moral dos seres humanos, o Mestre incomparável os receberá afetuosamente, oferecendo-lhes a seara de luz para cuidar!...

Capítulo 25

A sublime revolução

Tratava-se, inegavelmente, de uma revolução jamais acontecida.

Aquele Homem especial rompia todos os limites impostos pela prepotência e pelo abuso do poder.

A Sua presença agitava as massas ansiosas e inquietava os governantes injustos e exploradores.

Estava começando a batalha árdua, que se prolongaria pelos próximos anos, aumentando a geopolítica do país, governado por descendentes de estrangeiros que abominavam as tradições locais, desprezavam as raízes espirituais em que se firmavam as convicções religiosas e sociais, infelizmente desrespeitadas nesse período.

Israel aguardava um condutor que a libertasse do nefando jugo romano, concedendo-lhe favores extraordinários e facultando-lhe a preservação do orgulho de raça denominada eleita por Deus em detrimento de toda a Humanidade.

Os séculos de escravidão na Babilônia e no Egito, as humilhações defluentes das lutas inglórias com outros povos que o sitiaram por demorados períodos, quais as lutas perversas com os filisteus, o cerco promovido pelos assírios, a subserviência a déspotas que o envileciam, de forma alguma lhe ampliaram os horizontes do entendimento em relação a Deus e às Suas Leis Soberanas.

O narcisismo doentio produzira o morbo da degradação moral e os seus profetas, em razão das abominações praticadas pelos governantes e sacerdotes hipócritas, silenciou as vozes espirituais por quase quatro séculos, de modo que pudesse perceber a necessidade de reconsiderar as convicções vigentes e as expectativas em torno do Messias...

O orgulho que cega é o responsável pela perda de sentido em relação à grandeza moral, abrindo espaço para a presunção e a soberba, que se encarregam do exterior, sem a menor contribuição para a realidade íntima do ser.

Desse modo, embora as demonstrações exuberantes do Rabi galileu, a empáfia dos representantes do povo e dos seus ministros espirituais, os israelitas esperavam um vândalo impiedoso que vingasse as gerações transatas que estorcegaram nos longos cativeiros e na humilhação sem-nome.

O Templo de Jerusalém espelhava a alma israelita: imponente, majestoso, ornados de peças muito valiosas, ostentando o poder temporal e as dádivas transitórias que lhe foram acrescentadas por Herodes, o Grande, onde se realizava, porém, o hediondo comércio dos divinos bens...

Por isso, não ficaria, mais tarde, pedra sobre pedra que não houvesse sido derrubada pelos conquistadores igualmente impenitentes...

O bafio pestilencial do ódio, da discriminação em classes poderosas e desventuradas, tornava-o um reduto de infâmias e exploração da ignorância dos simples e ingênuos, através dos lamentáveis holocaustos de gratidão a Deus, ou de súplicas materiais para atender as necessidades transitórias.

A mensagem espiritual desaparecera completamente, e as cerimônias complicadas somente eram apresentadas aos dominadores vitimados pela luxúria e pela exorbitância dos crimes a que se entregavam...

O Mestre iniciara o Seu ministério conforme anunciaram os antigos profetas.

A Sua voz cantava o hino das bem-aventuranças, convocando as vidas à abnegação, ao dever, à pureza de sentimentos.

De imediato, como celeste Taumaturgo, Ele começou a demonstrar o poder de que se encontrava investido, diminuindo as imensas cargas de aflição que pesavam sobre os ombros vergados dos sofredores e infelizes.

Ele era uma aragem perfumada e balsâmica na ardência dos desesperos que dominavam as existências a se estiolarem nas enfermidades degenerativas, nas provações inomináveis.

Unindo às palavras os atos de amor e de misericórdia, Ele renovava o solo dos corações com a palavra consoladora e com a diminuição das mazelas dilaceradoras.

Tocadas nas fibras mais íntimas, as multidões seguiam-nO ansiosas e dominadas pela esperança.

Tudo n'Ele era diferente. O Seu amor superava todas as expressões conhecidas até então.

Atendia os leprosos e os ladrões, as meretrizes e os viciados com a mesma complacência com que a outros libertava da cegueira, da surdez, da paralisia, da loucura... Mas não concordava com as suas condutas equivocadas, sempre os convidando a uma radical mudança da forma de viver.

Os demônios temiam-nO e obedeciam-Lhe à voz, embora, algumas vezes, tentassem inutilmente enfrentá-lO.

Dúlcido como o sândalo penetrante, era também enérgico, quando necessário, estabelecendo os parâmetros seguros para a existência feliz.

A Sua revolução tinha por meta a conquista do Reino dos Céus.

Diferente de tudo quanto ocorrera antes e jamais voltaria a suceder, a revolução não destruía vidas, erguia-as; não derramava o sangue dos lutadores, estancava-o naqueles que se encontravam feridos...

Nada solicitava, jamais pedia o que quer que fosse a alguém.

Ele viera para dar, para doar-se, para servir como jamais outrem assim procedera.

...E todos fascinavam-se com o Seu comando, deixando-se arrastar pelo seu verbo flamívomo e incorruptível.

Mas Israel anelava pela revolução armada, aquela que vitima, que destroça, que destrói. Era natural que O não reconhecesse, ou melhor, que O detestasse e, por isso, os Seus sicários políticos e religiosos tramaram a Sua morte.

Não havia lugar para Ele na história daquele povo belicoso e sofredor.

As classes em que se dividia a população bem demonstravam o nível de indiferença e de crueldade que sustentava as contínuas intrigas, traições e lutas intestinas...

O dia raiara banhado por suave temperatura, enquanto as boninas arrebentavam-se em flores, e o perfume da primavera rociava a Natureza nos braços gentis da brisa do amanhecer.

Às margens do Lago de Genesaré, em Cafarnaum, as pessoas aglomeravam-se, aguardando o prodígio do Seu incomparável amor.

A Sua mensagem fora levada por incontáveis regiões à volta de Israel, e de toda parte vinham vê-lO os necessitados e os curiosos. A todos Ele distendia as mãos fulgurantes de luz e ricas de bênçãos.

As rosas miúdas e simplórias confraternizavam com as rosas-de-saron quando Ele reuniu os Seus discípulos e, em particular, num tom coloquial feito de ternura, disse-lhes:

— *Curai os enfermos, limpai os leprosos, ressuscitai os mortos, expulsai os demônios; de graça recebestes, de graça dai.*[23]

❦

Houve um grande silêncio, que iria permitir ficar insculpida na mente e fixada nos sentimentos a lição vigorosa.

A conquista interna do Reino dos Céus deveria produzir os frutos da compaixão e da caridade em todos aqueles que O amassem. Teriam que possuir os dons de curar, de libertar do mal, de arrancar das sombras da catalepsia aqueles que fossem considerados mortos...

A revolução teria que prosseguir, mesmo quando Ele já não estivesse aqui.

A gratuidade em todas as ações seria o selo de identificação do vínculo com Ele.

❦

---

[23] Mateus, 10:8 (nota da autora espiritual).

Transcorreram dois mil anos, e a Sua revolução prossegue convidando à doçura, à humildade, ao respeito pelo próximo e à caridade sob todos os aspectos considerada.

É necessário criar-se condições para que a revolução do amor prossiga engalanando a sociedade com a paz legítima, a iluminação interior e a fraternidade sem jaça.

O seu enunciado de amor continua a ecoar na convulsão dos tempos:

– *Eu vos mando...*

Capítulo 26

Caminhos estreitos e ásperos

As paisagens ermas a perder de vista, tomando vulto no deserto da Judeia, bem representavam a aridez e dureza da alma israelita, ou vice-versa.

Foram muitos os anos em que as multidões ficaram abandonadas, esquecidas do arbitrário poder público ignóbil, que fomentava a miséria moral, sempre responsável pela de natureza econômica e social.

Naqueles dias, as perseguições promovidas por Pilatos e os seus subordinados culminaram com verdadeiros sacrifícios humanos, em que o sangue dos galileus misturava-se com os dos animais que eles ofereciam no templo de Jerusalém.

Quando Jesus iniciou o Seu ministério, produziu um impacto jamais ocorrido em qualquer época, convidando todos à alteração de conduta para a misericórdia, a bondade e o amor, enquanto desfraldava a bandeira da esperança, que fora consumida pela crueldade.

Abandonado, sistematicamente, o povo era instrumento das manobras políticas e da astúcia dos inescrupulosos sacerdotes e de outros esbirros do poder temporal, relegado ao desprezo e à indiferença.

O Seu verbo quente e gentil traçava normativas de vida e de renovação, proporcionando dignidade e recuperação dos valores morais perdidos.

Não eram as aquisições externas que importavam, mas as incomparáveis aquisições do Espírito, que o acompanhariam indefinidamente, o que proporcionava um sentido existencial de alta significação.

Como, porém, reverter o comportamento de submissão desse povo, considerando-se estar secularmente esmagado pelo poder temporal? Como despertar as consciências que foram bloqueadas nas suas mais elevadas reflexões sob o espezinhar dos dominadores? Como libertar da situação deplorável as vidas que se submetiam às injunções perversas e haviam perdido a capacidade de escolha, de discernimento, de decisão?

Submetido ao mais baixo nível social, não podia, esse povo amargurado, conceber que existem valores preciosos que transcendem às aparências soberbas.

Jesus compreendia a situação desastrosa da cultura de subserviência, de exploração, de iniquidade.

Por isso, tomado de profunda compaixão, assumiu as suas dores, e transformou-as em cânticos de incomparável beleza.

Usando o valioso recurso das parábolas, ensinava-o a ver na escuridão, a escutar na balbúrdia, a viver no opróbrio, porém, dele saindo de imediato.

O Seu fascínio tornou-se inevitável, e a Sua energia mudou para sempre a lamentável situação da ralé, acenando-lhe com as possibilidades de elevação moral e espiritual.

A questão tornara-se grave, porque a esse povo sofrido nenhuma bênção ou concessão de misericórdia era reservada, mesmo depois da morte do corpo...

A Religião fora transformada em recurso de exploração da ignorância, de usurpação dos últimos recursos daqueles que ainda sobreviviam e eram atirados à exclusão.

Preces pagas, oferendas a Deus mediante o sacrifício de aves e de outros animais, o formalismo exterior hipócrita, as superstições e os privilégios destinados aos ricos e abonados, aos triunfadores de um momento não permitiam que surgisse lugar para os humildes lavradores, pescadores, trabalhadores braçais, embora indispensáveis, sobre os quais eram descarregados os mais terríveis flagícios...

Jesus conseguiu demarcar de maneira vigorosa qual era o sacrifício mais agradável a Deus e quais os deveres para com Mâmon e para com o Pai Celestial.

Foi então que, num dia de júbilos da Boa-nova, quando seguia com os Seus a Jerusalém, alguém, acercando-se d'Ele, perguntou-Lhe:

– *...Senhor, são poucos os que se salvam?*[24]

Tomando da palavra e iluminando-a com a verdade, respondeu-lhe:

– *Porfiai por entrar pela porta estreita; porque eu vos digo que muitos procurarão entrar, e não poderão.*

E, solícito, explicou que um pai levantara-se e fechara a porta da casa, enquanto os que estavam do lado de fora, surpresos, solicitaram:

---

[24] Lucas, 13:22 a 27 (nota da autora espiritual).

— *...Senhor, Senhor, abre-nos; e, respondendo ele, vos disser: "Não sei de onde vós sois".*

Logo lhe disseram:

— *Temos comido e bebido na tua presença, e tu tens ensinado nas nossas ruas.*

Ele, porém, retrucou:

— *Digo-vos que não sei de onde vós sois; apartai-vos de mim, vós todos os que praticais a iniquidade.*

...E referiu-se às dores acerbas que aguardam os invigilantes, os irresponsáveis, aqueles que, embora havendo convivido com Ele, optaram pelos torpes comportamentos em que se compraziam.

❋

O caminho áspero na Terra é a senda segura para alcançar-se o *Reino*.

Não raro, as preocupações materiais com o êxito terreno anulam as realizações transcendentes, substituindo os ideais de enobrecimento.

O véu da carne obscurece a lucidez mental, e o aprimoramento na organização fisiológica dá a sensação de perenidade, de que tudo sempre transcorrerá bem, sem obstáculos, sem conflitos.

A realidade, porém, é bem diversa, enquanto no veículo da transitoriedade humana, pois que, a cada momento, sofre alterações que se transformam em fenômenos graves quando se é constrangido a enfrentar as doenças, os transtornos emocionais, a desencarnação.

Sem qualquer dúvida, o ser humano tem o direito de usufruir os recursos formosos do corpo físico, especialmente aqueles que facultam viver em nível de alegria e de paz, dele utilizando-se para os investimentos imortalistas.

A passagem do Mestre pela Terra, transformadora e eficiente, fincou raízes na psicosfera do planeta e nas fibras mais íntimas daqueles que O ouviram, a fim de que pudessem repetir os Seus ensinamentos no curso da História, por todo o tempo porvindouro...

Aqueles dias, de alguma forma, assemelham-se a estes dias da sociedade iluminada pelo conhecimento e atormentada nos sentimentos, cambaleante e exausta do prazer ilusório, anelando pela paz e pela real significação existencial.

Realmente é estreita a porta da salvação, mas se encontra acessível a todos quantos a desejem ultrapassar...

O Mestre jamais desdenhou desafios e dificuldades, demonstrando que toda ascensão exige sacrifício e que a libertação das heranças infelizes é trabalho contínuo e de longo curso.

...Jesus seguia a Jerusalém e narrou inúmeras parábolas de tal forma que as Suas lições permaneceram envoltas no tecido da palavra, porém, com todo o vigor da Sua personalidade invulgar, convidando à plenitude.

Capítulo 27

Tempestades do coração

A região, na sua simplicidade, fascinava, e ainda sensibiliza todos aqueles que a visitam.

Conhecida pela pobreza dos seus humildes habitantes – pescadores, vinhateiros, camponeses, mercadores e desocupados na miséria –, era menosprezada pelos eruditos e ridicularizada pelos soberbos compatriotas.

A Natureza, porém, fora-lhe pródiga em beleza.

O mar-espelho, refletindo o céu azul-claro e transparente, era cercado de um lado pelas praias recobertas de pedras miúdas e terra marrom, onde medravam velhas árvores, próximo à gramínea verde exuberante.

Do outro lado era defendido pelas montanhas da Decápolis, com as suas formações vulcânicas enegrecidas e ameaçadoras.

Casarios de aldeias e cidades famosas, assim como outras menos conhecidas, adornavam-no com a alegria das suas cores e as luzes bruxuleantes nas noites estreladas.

Jesus elegera a Galileia e o seu mar, que transformou na pauta gigantesca onde escreveu, sem palavras e através da vivência, a mais notável sinfonia de vida, que é o Evangelho.

Convivendo com os mais infelizes, para os quais viera, não desprezou os párias morais que chafurdavam no luxo e nas extravagâncias do poder.

Todas as criaturas eram-Lhe motivação para o cântico sublime que as embalava com as lições de paz e de iluminação interior.

Mas não se detinha apenas entre aqueles que O cercavam.

Sabia que o seu era um rebanho imenso, constituído por todos os indivíduos da Terra, e por essa razão ampliava o seu círculo de realizações, indo além dos limites onde viviam os tristemente denominados eleitos.

Ele conhecia os sentimentos dos gentios, que aspiravam à plenitude e sentiam-se impedidos de penetrar nos mistérios do Deus Único.

Nas praias abertas, no cenário da Natureza, Ele modulava as canções de esperança e de vida eterna, enquanto os ouvintes, ora deslumbrados, ora aflitos pelas necessidades que os estigmatizavam, sorriam e choravam dominados pela expectativa de também serem felizes.

O mar atraente e convidativo era a paisagem rica de alimentos e a vida que facultava acesso a outros lugares distantes uns dos outros.

Ele havia transformado aquele mar piscoso numa *harpa* de cordas líquidas e as dedilhava com ternura, produzindo poemas de musicalidade ímpar.

Mas também dele se utilizava para outros labores.

Em um entardecer rico de luzes multicoloridas, Ele tomou o barco de Pedro e, com outras embarcações, rumou para o outro lado, que sempre contemplava à distância. Era a primeira vez que se deslocava naquela direção, conhecido o lugar como constituído por adversários dos judeus, pois que os seus habitantes, remanescentes gregos, viviam do negócio de suínos...

Enquanto o barco deslizava ligeiro sobre as águas mansas, eis que os céus escureceram-se subitamente e os ventos sopraram com vigor, levantando altas as ondas agora encrespadas, que ameaçavam os viajantes...

Em face da localização geográfica, esse fenômeno era comum naquele lugar, abaixo do Mediterrâneo quase duzentos metros, dando ensejo a tempestades bruscas e calamitosas.

Ele dormia, ou parecia dormir, em paz enquanto rugiam as forças desgovernadas que se chocavam na tormenta feroz.

Receando o pior, assustados e trêmulos, os discípulos despertaram-nO e apresentaram o seu receio na frágil embarcação jogada de um para outro lado pelas ondas e ventos furiosos...

Ele ergueu-se, semelhante a um raio de sol, e reclamou com a tormenta, impondo a Sua vontade.

Suave calmaria sucedeu à agitação das ondas, e o entardecer ressurgiu sereno e colorido como um leque de plumas em tonalidades variadas.

Os Seus, que com ele conviviam, na sua simplicidade, não O conheciam; tomados de perplexidade, indagaram:

— *...Que homem é este, que até os ventos e o mar lhe obedecem?* [25]

---

[25] Lucas, 8:22 a 25; Mateus, 8:23 a 27; Marcos, 4:35 a 41 (nota da autora espiritual).

...E ancoraram na outra margem, galgando os penhascos íngremes e pontiagudos na direção de Gadara ou Gerseza.

❋

Jesus tinha e tem poder sobre as tempestades da Natureza, muitas vezes provocadas por seres espirituais.

Também se preocupava com as tempestades do coração, esses tormentos que envilecem o ser humano e o levam a situações lamentáveis.

No Lago ou Mar da Galileia fora-Lhe fácil aplacar as fúrias, ordenando aos seus agentes que as fizessem cessar, o que logo aconteceu.

Para as tormentas do coração propôs inúmeras diretrizes de segurança moral capazes de superá-las. Nenhuma, porém, mais expressiva e difícil do que essa que se encontra na Lei de Amor, propondo o mergulho nas águas agitadas dos sentimentos primários para deles o indivíduo libertar-se, adquirindo paz.

Ofereceu, igualmente, o equipamento apropriado para a imersão no abismo de si mesmo, que é o escafandro do esforço pessoal.

É muito fácil a vitória externa, aquela que diz respeito à relação com os outros, nada obstante o audacioso empenho para descobrir as imperfeições e trabalhá-las, eis o desafio que todos enfrentam.

O Seu propósito tem sido, desde aqueles já algo remotos tempos, a conquista da paz do coração.

❋

Enquanto as boninas medravam, adornando a relva abundante, com a Natureza em exuberância de luz e de estesia, o canto do Evangelho soava aos ouvidos das multidões atormentadas, enternecendo-as.

Vivendo com Jesus

Ouviam-nO todos aqueles que O seguiam, mas não entendiam, mantendo os hábitos mentais e morais viciosos, isto, porque não queriam compreender. Encontravam-se sobrecarregados das paixões primitivas: doenças físicas, transtornos emocionais e distúrbios mentais.

A miséria econômica e a falta de objetivos relevantes jugulavam-nos às mesquinhezes, nos combates exaustivos dos vícios e da degradação...

Ele oferecia a cura da alma para sempre, e todos optavam pela recuperação do corpo, mesmo que sofrendo o retorno das enfermidades diaceradoras, cujas causas encontravam-se no ser profundo.

Ele amava e sacrificava-se, ensinando a libertação do mal através da transformação moral; no entanto, os que O buscavam prosseguiam na luta para manter-se na ilusão tormentosa do cotidiano.

Ele era a luz que podia anular a treva interior da ignorância, porém as massas infelizes sedentas de prazer beneficiavam-se um pouco e logo se atiravam nos calabouços da demorada prisão em que se comprazam, povoada de crimes.

Ele propunha a paz, e quase todos esperavam a guerra contra os outros, olvidando os inimigos reais que se encontram no seu mundo íntimo.

Apesar disso, Ele prosseguiu estoico e perseverante até o momento da morte infamante, procurando aplacar as tempestades dos corações...

...E voltou, aureolado de ternura e de carinho, confirmando o Seu amor por todos aqueles que são colhidos pelas tormentas internas, no mar proceloso das reencarnações purificadoras.

181

Capítulo 28

Embaixadores do Reino

Lucas, 10:1 a 20.

A sinfonia da Boa-nova encontrava-se no auge da sua musicalidade, enternecendo os corações antes em angústia e confortando as mentes que se encontravam desarvoradas.

Em toda parte, no abençoado solo de Israel, o doce canto penetrava a acústica das almas, da mesma forma que o sândalo aplicado suavemente se faz absorvido por qualquer superfície porosa.

Tratava-se de uma epopeia que atingia o clímax e nunca mais se repetiria na Terra, jamais igualada em todo o seu esplendor.

A paisagem iridescente por onde Ele deambulava enriquecia-se de belezas espirituais, e uma permanente aragem de esperança e de paz permaneceria assinalando as ocorrências ditosas.

Em madrugada que se fazia bordada de luz, Ele reuniu os Seus, em Cafarnaum, às margens do mar-espelho, e lhes explicou ternamente como seria o programa de engrandecimento moral que estava traçado para toda a Humanidade.

Era necessário empreender a desafiadora façanha de informar às gentes de todo lugar o seu conteúdo invulgar.

Na Sua condição de Rei, deveria visitar as regiões bravias e difíceis de comunicação, nas quais necessitava instalar os alicerces do Reino; para tanto enviaria embaixadores que se encarregariam de anunciá-lO, de abrir clareiras nas selvas dos sentimentos devastados pelas paixões primárias, proporcionando espaços para a fixação dos *pilotis* do amor e da compaixão, sobre os quais seria erguido o altar da caridade.

Aqueles eram dias de egoísmo, de soberba, de intérminas batalhas nas quais predominavam os ódios e as rixas perversas.

O ser humano era escravo dos dominadores mais astutos e impiedosos, que os submetiam ao talante das suas misérias morais interiores.

Não brilhava o sol da esperança e muito menos a doce possibilidade da compaixão.

A miséria espiritual transbordava, e as pessoas encontravam-se submetidas aos preconceitos, às situações de penúria e de abandono.

De certo modo, ainda hoje é quase assim...

O processo da evolução íntima do Espírito, que deve abandonar o primarismo do qual procede, na busca dos alcantis do infinito, é longo e penoso...

Envolvendo os discípulos selecionados para o mister especial, tocou-os, um a um, transmitindo-lhes a santificada energia que O caracterizava, e esclareceu:

– *Ide em paz e com irrestrita confiança no Pai.*

Nunca temais, seja o que for, porquanto estais investidos do mandato superior, e conseguireis avançar imunes às agressões, às picadas dos escorpiões e das serpentes, que ficarão esmagados sob vossos pés, enquanto as vossas vozes calarão a agressão dos Espíritos perversos, zombeteiros e causadores de pânico nas multidões desavisadas...

Seguireis amparados pelas legiões angélicas, encarregadas de trabalhar a Humanidade e nela renascer através dos séculos para recordar e ampliar as sublimes propostas que apresentareis.

Inspirar-vos-ão e ouvir-vos-ão, num contínuo intercâmbio de amor.

Ninguém terá como silenciar-vos as vozes, e todos se vos submeterão ao canto incomparável com as revelações da verdade...

...Depois, eu próprio vos seguirei empós, fixando as estrelas do Evangelho no zimbório das almas em escuridão.

Abençoo-vos em nome de meu Pai, e despeço-vos em paz.

Eram setenta discípulos preparados para a propaganda e difusão da Sua mensagem insuperável. No futuro, seriam milhares vezes setenta. Estavam assinalados pela autoridade moral e identificados pelo profundo sentimento de fraternidade.

Haviam renascido para participar da gloriosa envergadura espiritual e deveriam trabalhar enriquecidos pela alegria inaudita do bem fazer.

Quando o Sol diluía nas águas doces e transparentes do mar os seus raios de ouro disparados com certeira pontaria, eles partiram em cânticos de júbilos...

❁

A partitura imensa, na qual estavam grafadas as harmonias da Boa-nova, alcançava aldeias humildes e cidades orgulhosas, perpassava pelos caminhos impérvios e se expandia pelas estradas bem cuidadas, em perfeita identificação com o Cantor, onde quer que se encontrasse.

A sociedade terrestre sempre aflita e sofrida, que transpirava horror e decomposição espiritual, passou a receber o bálsamo curador e a força revigorante para que pudesse superar a difícil conjuntura do seu estágio primitivista.

Ele inaugurava, naqueles dias, a era das provas e expiações, proporcionando os recursos valiosos para que se pudessem suportar as dificuldades da evolução.

O largo período de selvageria e impiedade cederia lugar lentamente a uma fase nova de esperança e de certeza de paz.

Os dias correram céleres na ampulheta do tempo, e os embaixadores desincumbiram-se da responsabilidade que lhes foi concedida.

Num entardecer de sol, desfiando plumas de luz de cor variada, eles retornaram exultantes.

Diante da multidão, na mesma praia de Cafarnaum de onde saíram, eles se apresentaram e depuseram:

– *Em toda parte proclamamos a* Era Nova, *explicando que um* Reino *de paz se acercava, iniciando-se no coração do ser humano, e que avançará ditoso no rumo do futuro feliz.*

Desafiados por saduceus hipócritas e pretorianos insensíveis, perseguidos por fariseus fanáticos e cínicos, assim como pela malta sempre revoltada, demonstrando o poder que nos foi conferido, curamos as suas mazelas em nome do nosso Rei, submetemos Espíritos vingativos, saramos feridas, restituímos visão aos cegos, audição aos surdos, movimentos aos paralíticos e alegria aos tristes em momentos de inconfundível ligação com Deus.

Nenhum mal nos aconteceu, e sempre conseguimos anunciar o amanhecer de um novo tempo com os olhos iluminados pela alegria e os corações pulsando felicidade.

Algumas cidades de prazer e de loucura gargalharam das nossas palavras, mas sempre encontramos infelizes à espera de compaixão e de ajuda.

Vivendo com Jesus

Vimos rostos desfigurados pela lepra sorrir de alegria, e vidas despedaçadas recomporem-se ao toque da esperança.

A Vossa palavra em nossas bocas soava como cânticos nunca dantes enunciados ou ouvidos, e nossas presenças tornaram-se fortaleza para os fracos e apoio para os oprimidos.

Estão lançadas as balizas do *Reino* que Vos pertence, Senhor!

Jubiloso, o Rabi sábio novamente os abençoou e, dirigindo-se à massa em expectativa emocionada, lamentou:

— *Ai de ti, Corazim, ai de ti, Betsaida! Porque, se em Tiro e em Sídon se fizessem as maravilhas que em vós foram feitas, já há muito, assentadas em saco e cinza, se teriam arrependido.*

Portanto, para Tiro e Sídon haverá menos rigor, no juízo, do que para vós.

E tu, Cafarnaum, que te levantaste até o céu, até o inferno serás abatida.

Leve palor tomou-Lhe a bela face, como resultado da percepção de que as grandiosas Corazins e Betsaidas do futuro por largo período prefeririam o bezerro de ouro à ave de luz do Seu amor.

Passaram muitos séculos, Seus embaixadores continuam renascendo, em todas as épocas proclamando a Boa-nova, e os ouvintes permanecem moucos com os sentimentos enregelados nas paixões vergonhosas.

Em consequência, acumulam-se as nuvens borrascosas na imensa Galileia moderna, a Sua voz continua chamando vidas para o Seu *Reino*, enquanto o corcel rápido da fantasia e da luxúria é conduzido pelos seus cavalgadores na direção dos abismos...

Ai de vós, que tendes ouvido e visto o amanhecer de bênçãos, e optais pela triste noite de pesadelos e de horror!

Os embaixadores estão ao vosso lado: cuidai de ouvi-los quando se inicia o período de regeneração da Humanidade![26]

---

[26] Voltamos ao mesmo tema analisado no capítulo 12 (Dois a dois), por considerá-lo de alto significado neste momento histórico da Humanidade (nota da autora espiritual).

Capítulo 29

Glorificação pela prece

Lucas, 11: 9-13.

Os discípulos haviam acabado de receber a diretriz de segurança para enunciar e viver a emoção da prece eficaz.

Eram dispensáveis palavras e fórmulas cabalísticas, tornando-se necessária somente a comunhão mental com o Pai Generoso.

As tradições haviam estabelecido processos complicados para pedir, e raramente apresentavam diretrizes para agradecer.

Solicitado pelos companheiros para que apresentasse uma proposta singela como a pureza dos lírios do campo, Ele lhes ofereceu a nobre oração que ficou denominada como dominical.

Ela possui todos os requisitos próprios para o colóquio com Deus, abrindo as portas dos sentimentos e desnudando-os interiormente, a fim de que cada orante se apresente como é, sem atavios nem dissimulações, destituído de aparências e aconchegando-se-Lhe com a pureza interna, sinceramente convencido do Seu amor.

Ele havia explicado como procedem os seres humanos quando buscados e como age o Supremo Pai em relação aos filhos necessitados.

Ainda assim, ficaram algumas interrogações nos discípulos, e Ele as pôde perceber.

Embora fossem simples na aparência, eles eram Espíritos vividos, ricos de outras experiências que viriam a lume no momento próprio, mas, naquele instante, algo aturdidos, deixaram-se invadir por inquietações que lhes caracterizavam o dia a dia.

Não conheciam o mundo nem as suas tramoias, pois que sempre viveram naquela região, à exceção de Judas, que viera de Kerioth – a 8 quilômetros de Jerusalém – e antes houvera sido oleiro, e desse modo mantinham a simplicidade das gentes do interior, das regiões pobres e laboriosas esquecidas pelos poderosos.

Encontravam-se na condição de discípulos, e não tinham dimensão das tarefas que os aguardavam, nem sequer do significado profundo em torno do convite que lhes havia sido feito para que O seguissem.

Como ovelhas mansas que conhecem a voz do seu pastor, abandonaram os poucos recursos, afastaram-se das lides cotidianas e seguiram-nO, ora fascinados por Ele, noutros momentos, taciturnos e receosos, sem compreenderem a magnitude do ministério que lhes estava sendo proposto.

Tudo lhes parecia muito difícil de entender, embora o deslumbramento ante todos os sucessos que presenciavam.

Jamais haviam pensado na possibilidade daquelas ocorrências. Ademais, o Mestre fascinava-os, e não podiam resistir ao Seu arrebatamento.

Tinham participado de acontecimentos que ninguém jamais vivenciara e isso os mantinha tocados de ternura pelo Senhor.

Necessitavam, porém, de aproximar-se também do Pai, tanto referido por Ele, e o recurso mais seguro era a oração.

Dando continuidade às explicações necessárias para o êxito da prece, Jesus, enternecido, concluiu:

— *E eu vos digo a vós: pedi, e dar-se-vos-á; buscai, e achareis; batei, e abrir-se-vos-á.*

Porque qualquer que pede, recebe; e quem busca acha; e a quem bate, abrir-se-lhe-á.

Era como uma sublime inspiração musical.

Houve um breve silêncio, para que penetrassem no seu conteúdo profundo e sábio, após o qual Ele prosseguiu com a Sua lógica imbatível:

— *E qual o pai de entre vós que, se o filho lhe pedir pão, lhe dará uma pedra? Ou, também, se lhe pedir peixe, lhe dará por peixe uma serpente?*

Ou, também, se lhe pedir um ovo, lhe dará um escorpião?

Pois se vós, sendo maus, sabeis dar boas dádivas aos vossos filhos, quanto mais dará o Pai celestial o Espírito Santo àqueles que lho pedirem?

Havia uma sublime e mágica promessa de amor nessa proposição especial.

Se entre as criaturas humanas, ainda vencidas pelo egoísmo, a bondade paternal predomina, muitíssimo grandiosa é a do Genitor Divino, sempre vigilante em relação aos filhos amados.

A oração é o recurso mais valioso para aproximar a criatura do seu Criador. É também o tônico para erguer da debilidade a ponte para a comunhão com a vida em abundância, o vigor para todos os momentos e o meio rápido para a renovação das forças.

A epopeia da oração, ainda pouco vivenciada pelos seres humanos, encontra-se nesse poema de encantamento apresentado por Jesus, glorificando o Pai e engrandecendo os filhos.

Deve-se entender, no entanto, o sentido especial dos ensinamentos nele contidos.

Discernir o que pedir, porquanto nem tudo que se pede é o ideal para a existência feliz, em razão da falta de sabedoria do que se deve solicitar.

Confunde-se necessidade real com interesse momentâneo, com paixão egoica, ao mesmo tempo com ambição desmedida e fuga dos efeitos que seguem às realizações infelizes.

A arte de pedir é também a sabedoria de eleger.

Nem sempre, por isso mesmo, o Pai concede ao orante aquilo que ele deseja, porque sabe não o ser o de que realmente necessita.

A dor e a escassez são disciplinas abençoadas para o aformoseamento do Espírito, para a conquista da saúde e da abundância em vez de punição.

A solidão e o sofrimento são oportunidades redentoras que devem ser vivenciadas com alegria, a fim de aprender-se a viajar para dentro, para o ignorado país de si mesmo, enriquecendo-se de autoconhecimento.

Por outro lado, em face das angústias normais no processo da evolução, busca-se sair das situações penosas sem nenhuma preparação para aquelas que se constituirão futuros desafios e aguardam sabedoria para serem vivenciadas.

Nem todos, portanto, buscam o melhor, porém, o mais agradável, prazeroso, mesmo que tenha um amargor final.

De igual maneira, bate-se às portas do bem por nonadas, buscando-se coisas e valores sem significado, pela ânsia de possuir, de desfrutar, de ter...

Jesus é a lição viva da renúncia às coisas e aos impositivos do mundo.

Os Seus discípulos ainda não O entenderam e por isso não sabem orar, não querem submeter-se às injunções do processo evolutivo, esperando deferências e milagres que não existem.

Ao Seu lado, a brisa da Natureza era mais cariciosa, e a vida muito mais prazerosa...

Ele, porém, teria que retornar ao Sólio do Altíssimo e, para que ninguém padecesse mais de solidão ou de abandono, Ele os ensinou a orar, ofereceu-lhes a glorificação pela prece, por cujos recursos poderiam sempre estar usufruindo os benefícios da Sua presença.

...E foi assim que realmente aconteceu quando chegaram os dias do testemunho...

Sementeira de testemunhos

— E outra (semente) caiu em boa terra e, nascida, produziu fruto, a cento por um...

Lucas, 8:8.

As sementes de amor que Jesus colocara no coração fértil dos discípulos fecundaram e se transformaram em árvores generosas, com frondes protetoras, e conseguindo produzir milhares de outras tantas, que se multiplicariam ao infinito na sucessão dos tempos.

Terminado o ministério terrestre, o Mestre retornara às imarcescíveis dimensões da Espiritualidade, deixando os companheiros equipados para os enfrentamentos, e todos eles desincumbiram-se do ministério com inigualável grandeza moral, dando testemunhos que permaneceriam como símbolos de fidelidade e lições permanentes de amor.

Todos padeceram nas carnes do corpo e nos tecidos da alma as mais rudes provas e mais acerbas dores físicas e emocionais, sem apresentar qualquer sinal de fraqueza, de temor ou de negação.

Quanto mais terrível era configurada a punição ao amor de que davam mostras, vivenciando-o, mais eles se faziam expoentes da coragem e da fé.

Nenhum foi poupado pela impiedade humana, e o seu sofrimento serviu de adubo fértil para as sementes que deixaram nos corações daqueles que os ouviram, que conviveram com eles, que se mostraram receptivos à mensagem libertadora.

A liberdade é o anelo mais elevado do ser humano, mas nem sempre se configura na facilidade de locomoção, no direito de ir e de vir, podendo ser vivenciada no ádito do coração sob terríveis aflições e em injunções inumanas, penosas, como aqueles homens souberam viver seguindo o exemplo de Jesus.

O Evangelho expandia-se no mundo, que permanecia sob a dominação tiranizante do Império Romano, que ditava as diretrizes cruéis para submeter os vencidos pelas suas legiões.

Pulsava nos sentimentos dos oprimidos o anseio de liberdade, e porque não a pudessem fruir pelos caminhos sociais e políticos, a de consciência fascinava-os; quando ouviam as narrativas do Evangelho e do Reino que Jesus viera implantar na Terra, todos se lhe entregavam com ardor.

Felipe, um dos Seus primeiros discípulos, impregnado pela presença do Mestre, a quem muito amava, deixou-se influenciar pelas vozes dos Céus e saiu a divulgar a esperança e a alegria de viver, o amor e o perdão.

Ele vivia enriquecido desses valores que o sustentaram desde o momento em que o Mestre ascendera ao Infinito.

Em contrapartida, aonde quer que fosse, defrontava a mão férrea do Império Romano, afligindo todos aqueles que ambicionavam a felicidade fora dos padrões hediondos do crime e do ódio.

A sua palavra canora sensibilizava, ainda mais porque ele fora testemunha de Jesus, com quem convivera em estreita comunhão de ternura.

Obrigado a sair de cada cidade onde se apresentava na condição de embaixador do Rei especial, deteve-se em Hierápolis, na Frígia, onde o seu verbo sedutor iluminou vidas incontáveis, arrancando-as da densa escuridão.

Os frígios podiam ser considerados bárbaros no conceito romano, mas eram pessoas sofridas e sedentas de paz.

A palavra ardente, porque era portadora da Verdade, incomodava os pigmeus governamentais que passaram a considerá-lo como um criminoso comum e audacioso que desacatava as autoridades.

Aprisionado, após julgamento absurdo, conforme acontecera com Jesus, foi condenado à morte na cruz, de acordo com a justiça aplicada àqueles que infringiam as leis.

Erguido no madeiro de infâmia que o Senhor dignificou, experimentou as terríveis dores do desconjuntar dos ossos, do elasticimento dos nervos, da asfixia insuportável, permanecendo confiante e digno.

Ele havia aprendido com Jesus o significado profundo do amor, especialmente em relação ao próximo, aos inimigos, ao ideal da Verdade, à Vida...

Nada lhe diminuiu o estoicismo nem a abnegação.

Aqueles eram os dias dos testemunhos, quando o sangue dos mártires fecundou a terra para que medrassem em abundância as sementes de luz que Ele oferecera aos discípulos para esparzirem no mundo.

Todos, portanto, cada um por seu turno, foram convocados a provar a autenticidade da Mensagem, conforme sucedeu a André, o irmão de Simão Pedro, que, já idoso, nunca desanimou e prosseguiu no ministério, continuando a pregar para os citas, godos, trácios, todos considerados bárbaros pelos romanos, sendo, na cidade de Sebastópolis, onde viviam etíopes, mandado crucificar pelo sádico Egeias, que governava os edessenos, posteriormente sendo sepultado com a ternura dos seus discípulos em Patras, a célebre cidade da Acaia...

João, o Evangelista, foi o único que não foi assassinado, havendo morrido idoso...

A luz derramava-se a flux em toda parte, porém, em todo lugar Jesus era odiado, porque libertava as vidas das algemas da ignorância e do poder dos maus.

Aqueles que o amavam, no entanto, não desanimavam, prosseguindo integérrimos e jubilosos no ministério, enquanto aguardavam o testemunho com que mais se compraziam, demonstrando a excelência da mensagem.

Invejoso, Egeias ficou melindrado com o respeito de que gozava André, das suas narrativas gloriosas ao lado de Jesus, do esplendor e grandeza do Reino dos Céus que ele não estava interessado em conquistar, já que era prisioneiro do reino terrestre, assim como de todos aqueles que se diziam cristãos. Conseguiu através dos mecanismos do servilismo e do ódio permissão de Roma para crucificar todos aqueles que se vinculassem a Jesus, que se negassem a adorar os deuses mentirosos.

No seu julgamento, sem qualquer receio, André declarou-lhe que havia outro Juiz, cuja maneira de decidir era totalmente diversa da dele, porque era imparcial e imperecível, provocando-lhe a ira, resíduo nefando do primarismo que permanece nas criaturas humanas infelizes, desse modo, mandando crucificá-lo.

Também os egípcios, os indianos e outros povos politeístas que praticavam sacrifícios de animais e humanos, quando lhes convinha, odiavam o Mestre de Nazaré, que os amava e inspirara alguns dos seus discípulos para que fossem levá-lO por toda parte, sem medo daqueles que somente matam o corpo e nada podem fazer ao Espírito.

Ainda hoje, de alguma forma, a fidelidade a Jesus é vista como comportamento patológico, alienação, covardia moral.

Os Seus servidores não encontram espaço no mundo em que triunfam os equivocados e recebem láureas os criminosos, aqueles que matam em nome da pátria, da política, da fé religiosa, dos preconceitos em que se comprazem...

Jesus, porém, vela pelos seus continuadores e prossegue convocando os Seus trabalhadores para que permaneçam na seara imensa onde os poucos fiéis devem viver em vigília de amor e de perdão, de misericórdia e de compaixão, experienciando a caridade.

Cristão sem testemunho é solo árido dominado pela seca e pela morte...

Os testemunhos de qualquer natureza, mesmo aqueles interiores, silenciosos, são a condecoração de quem ama Jesus e resolveu por servi-lO.